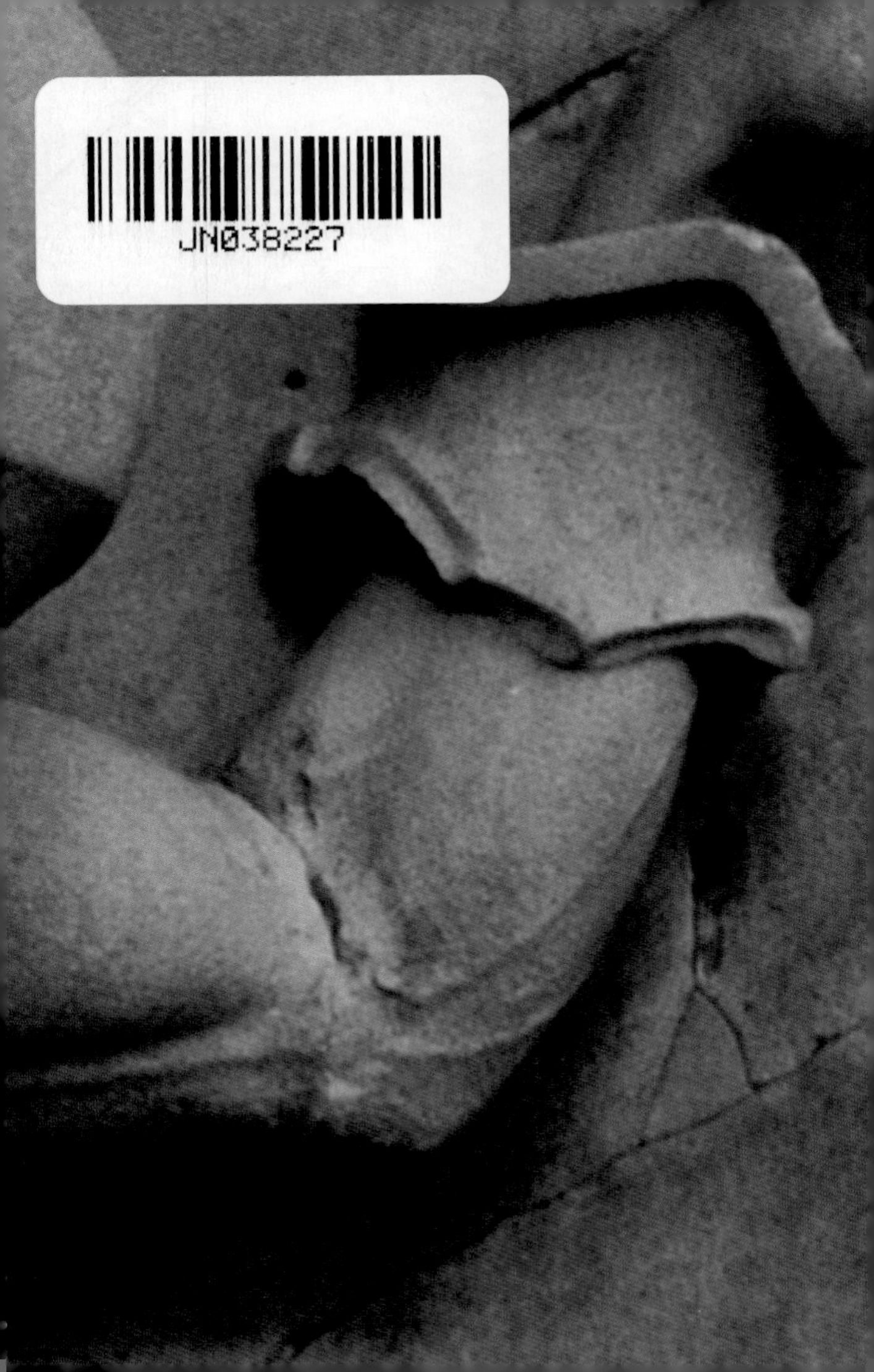

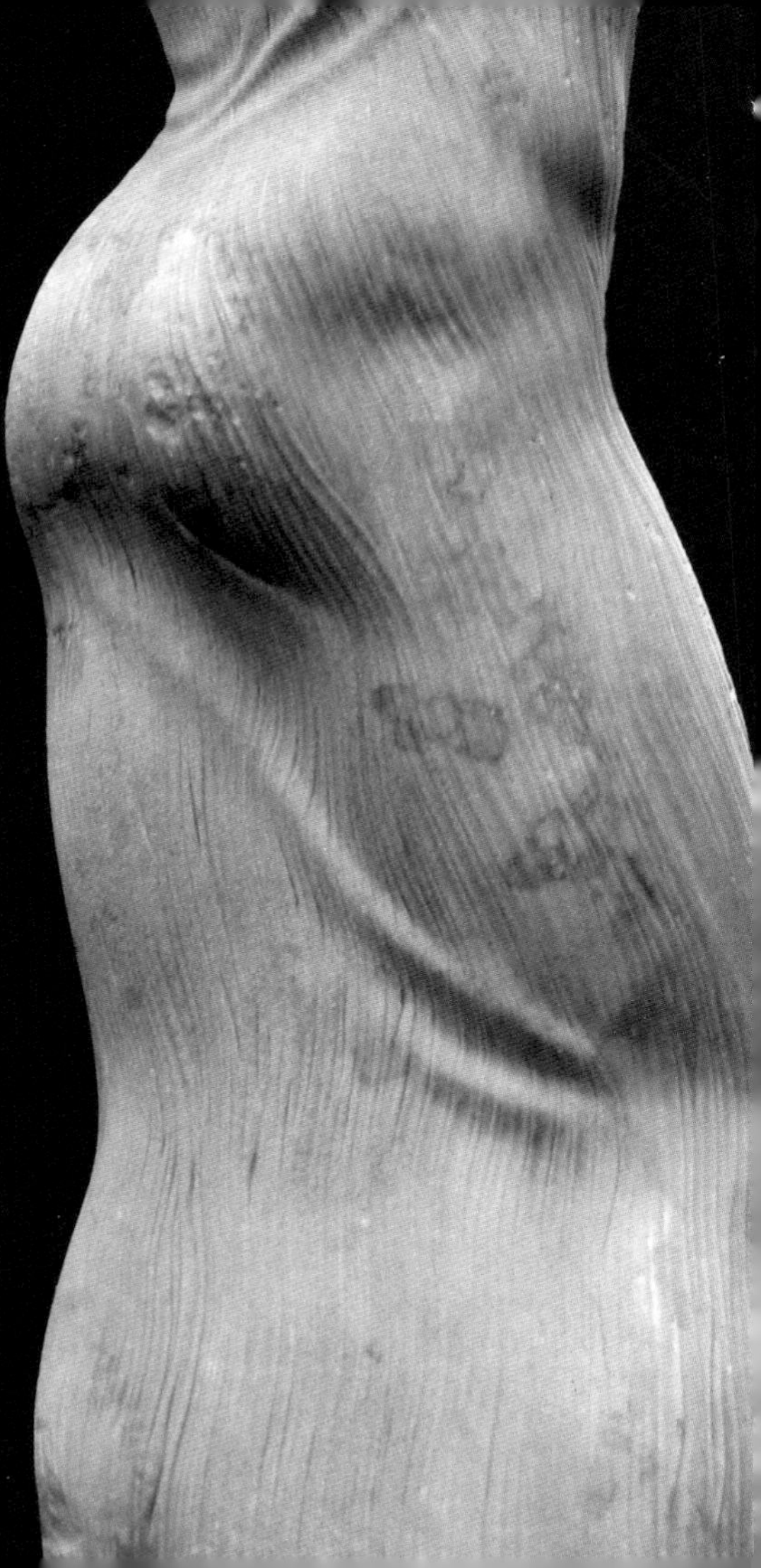

モティアの御者像〈大英博物館蔵〉

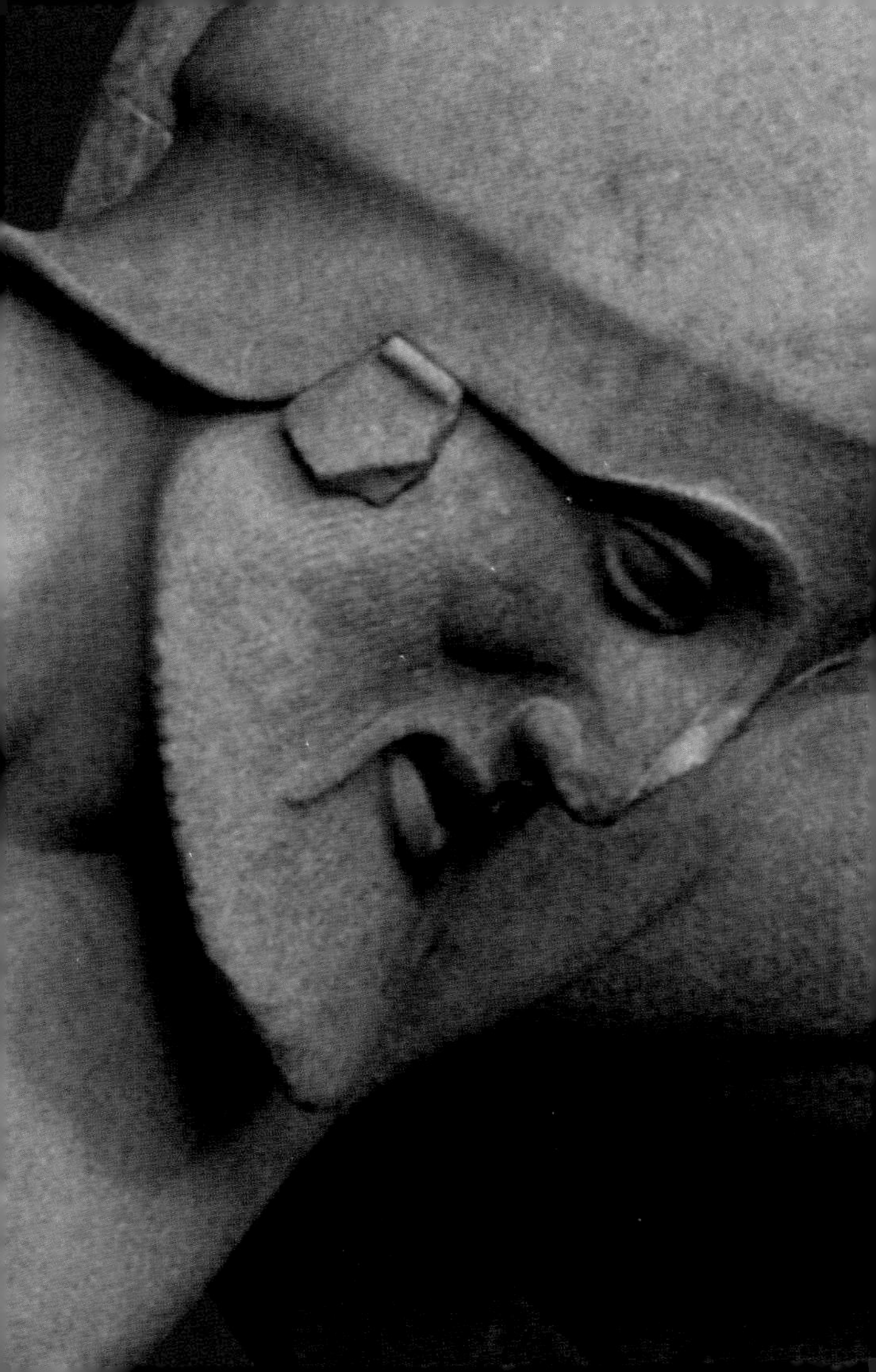

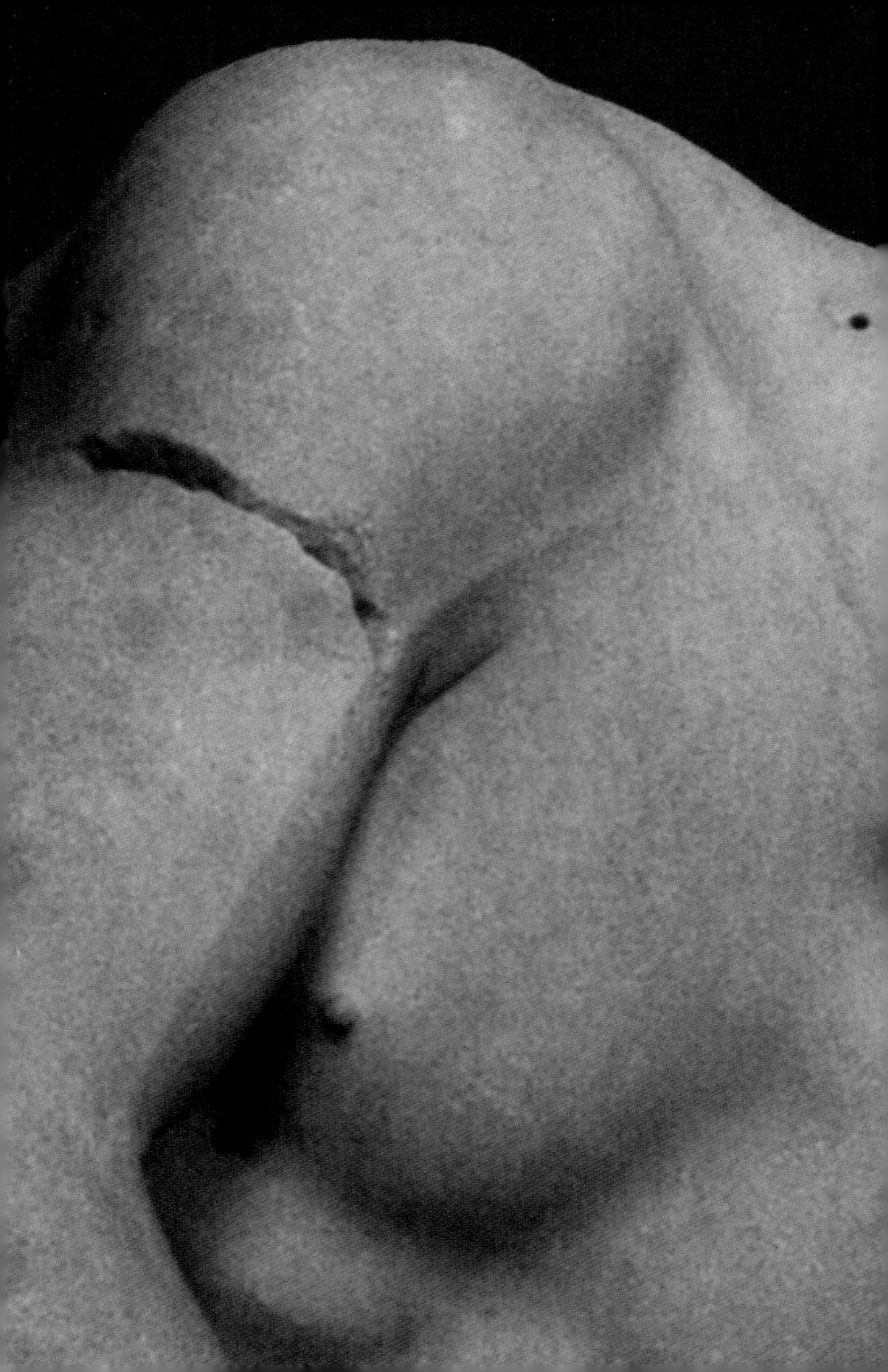

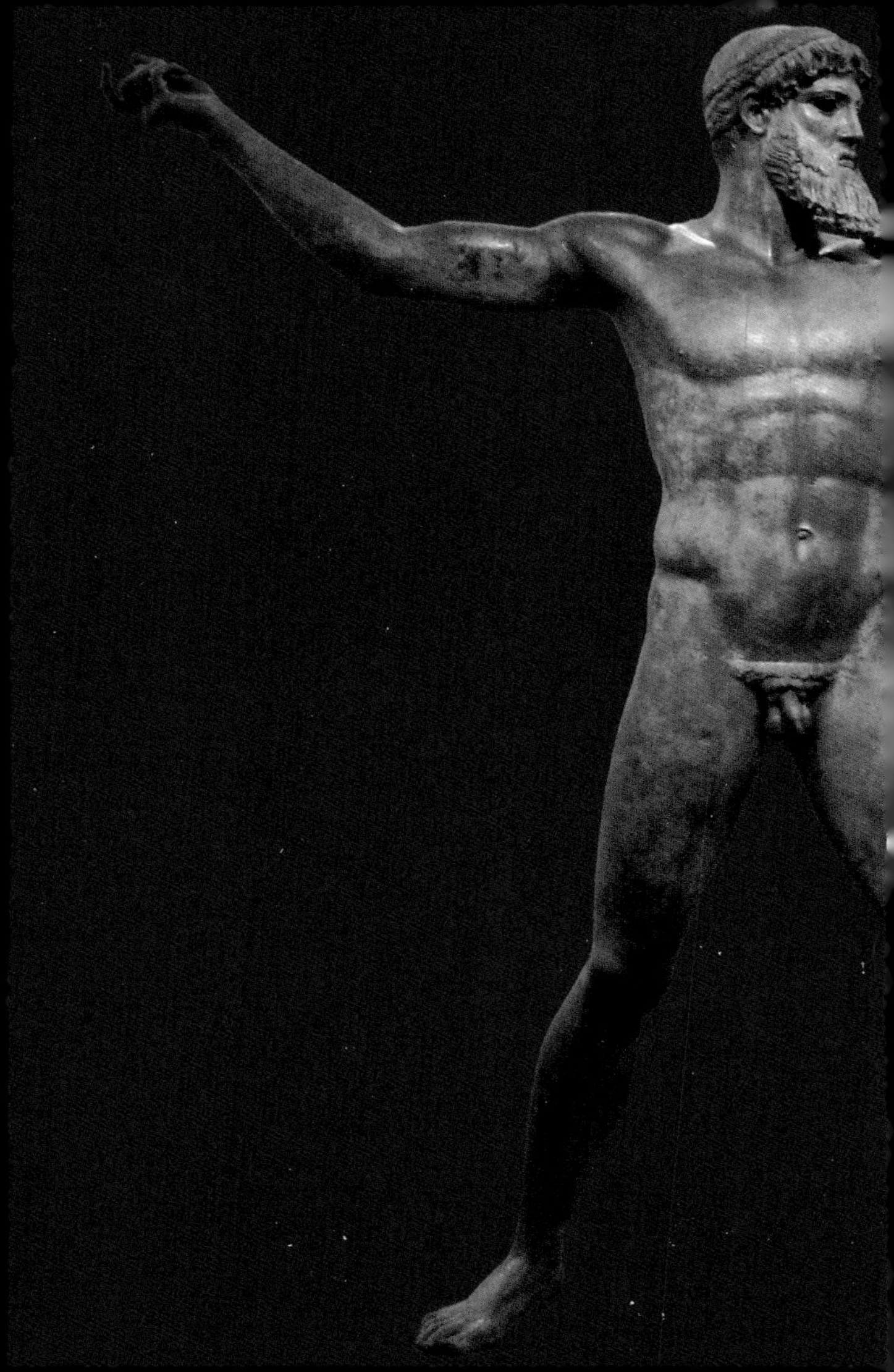

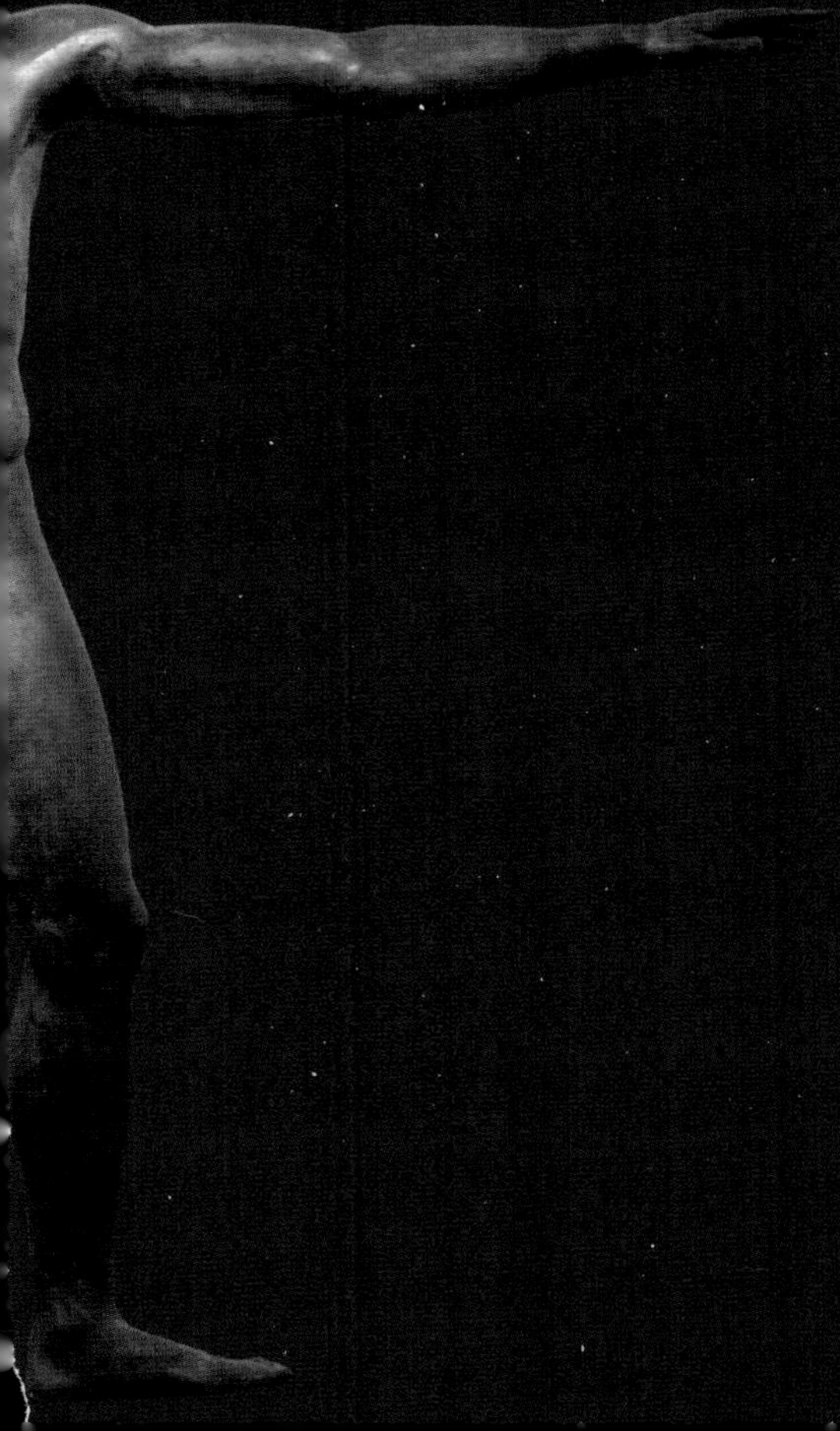

アルテミシオンのゼウスあるいはポセイドン
〈アテネ国立考古学博物館蔵〉

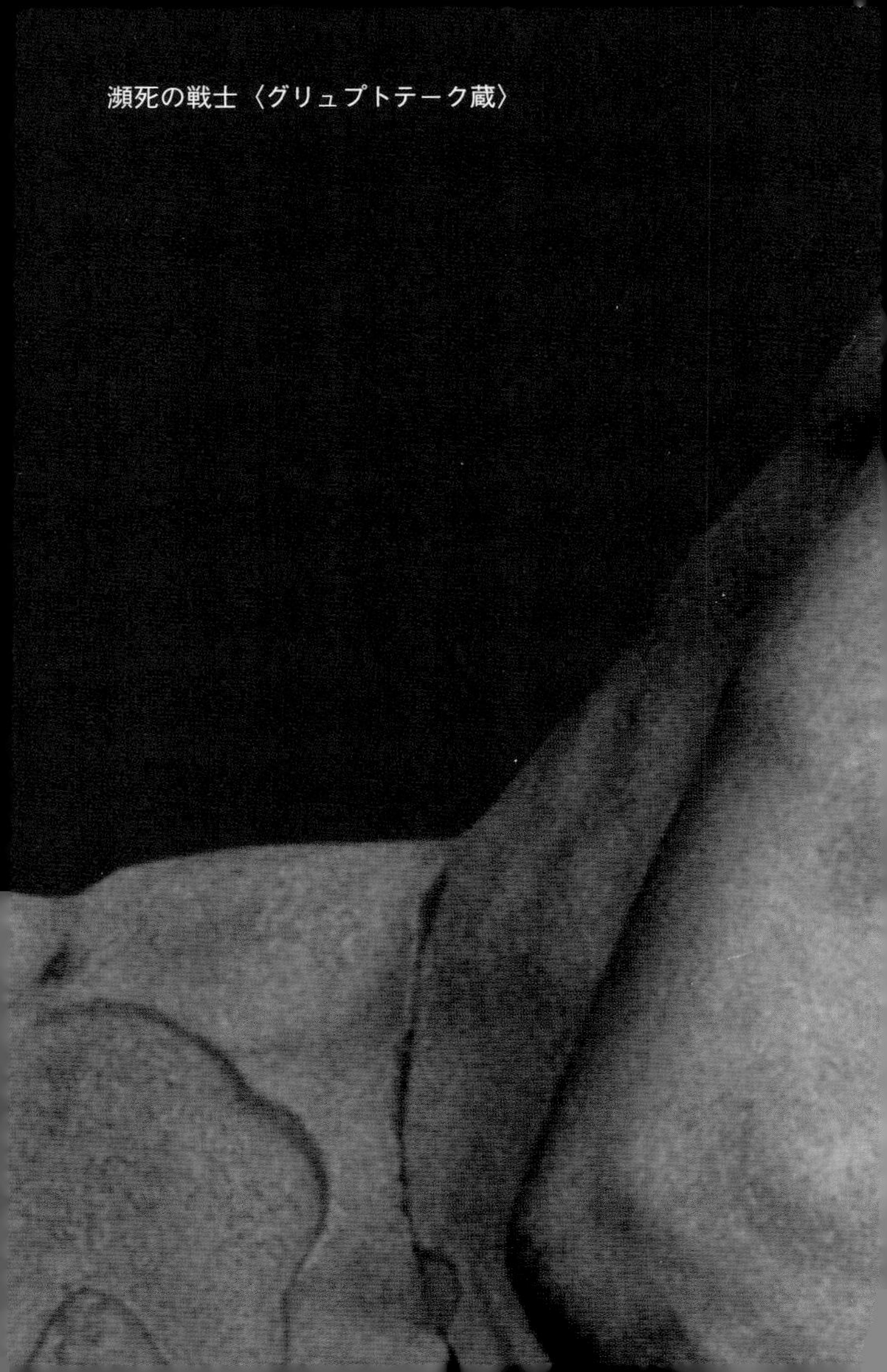

瀕死の戦士〈グリュプトテーク蔵〉

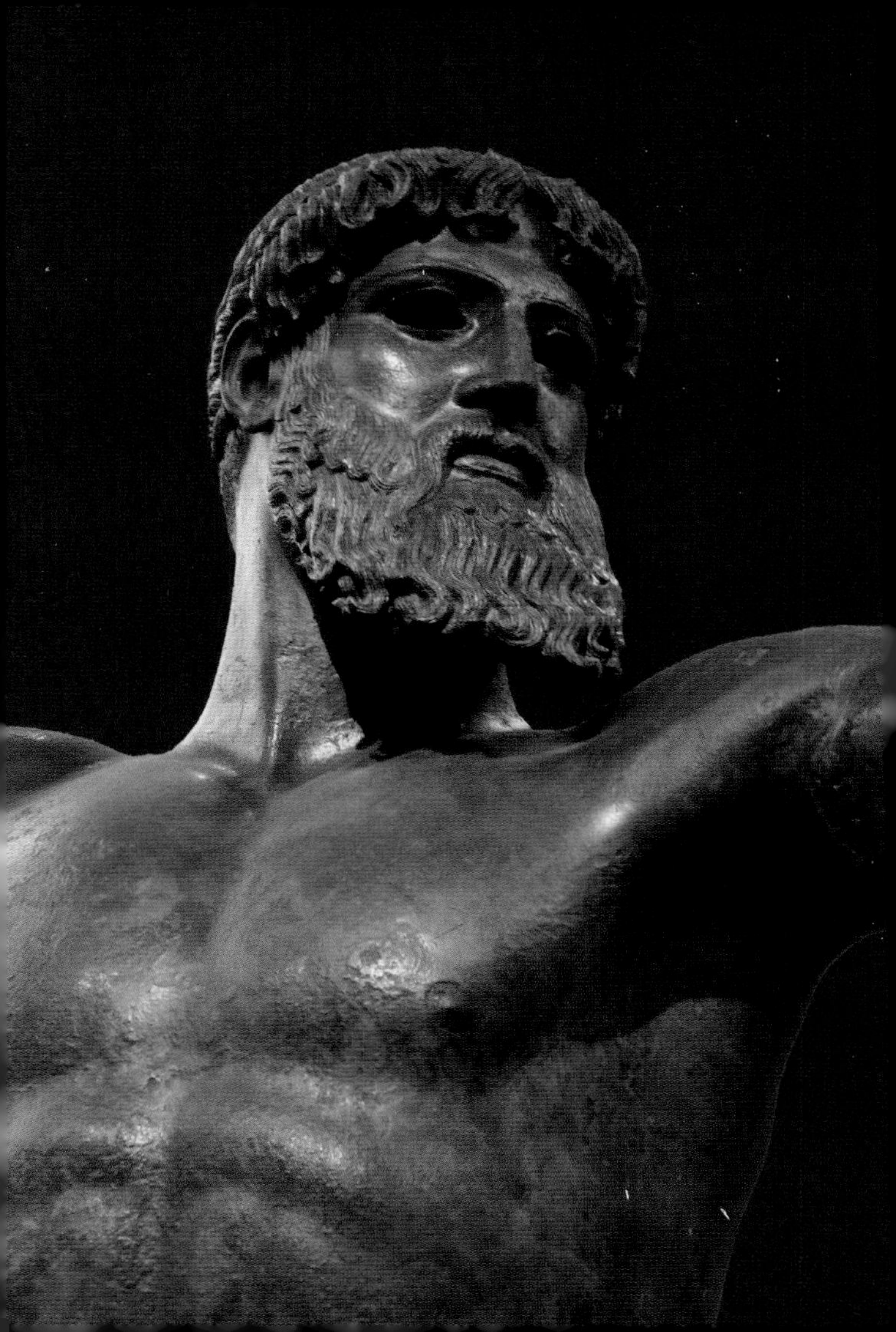

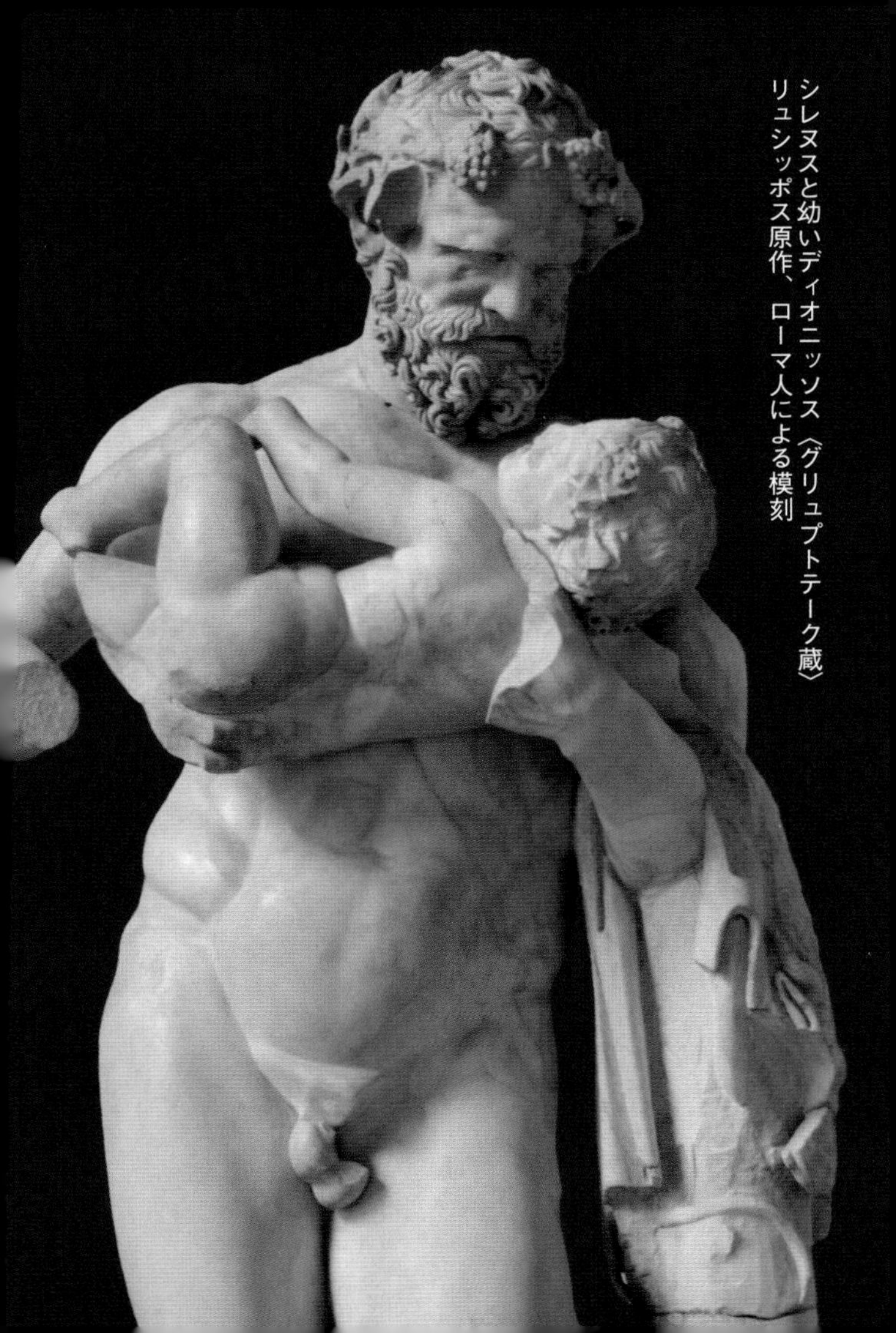

シレヌスと幼いディオニッソス〈グリュプトテーク蔵〉
リュシッポス原作、ローマ人による模刻

ヘルメス〈ニイ・カールスベルグ・グリプトテク美術館蔵〉
リュシッポス原作、ローマ人による模刻

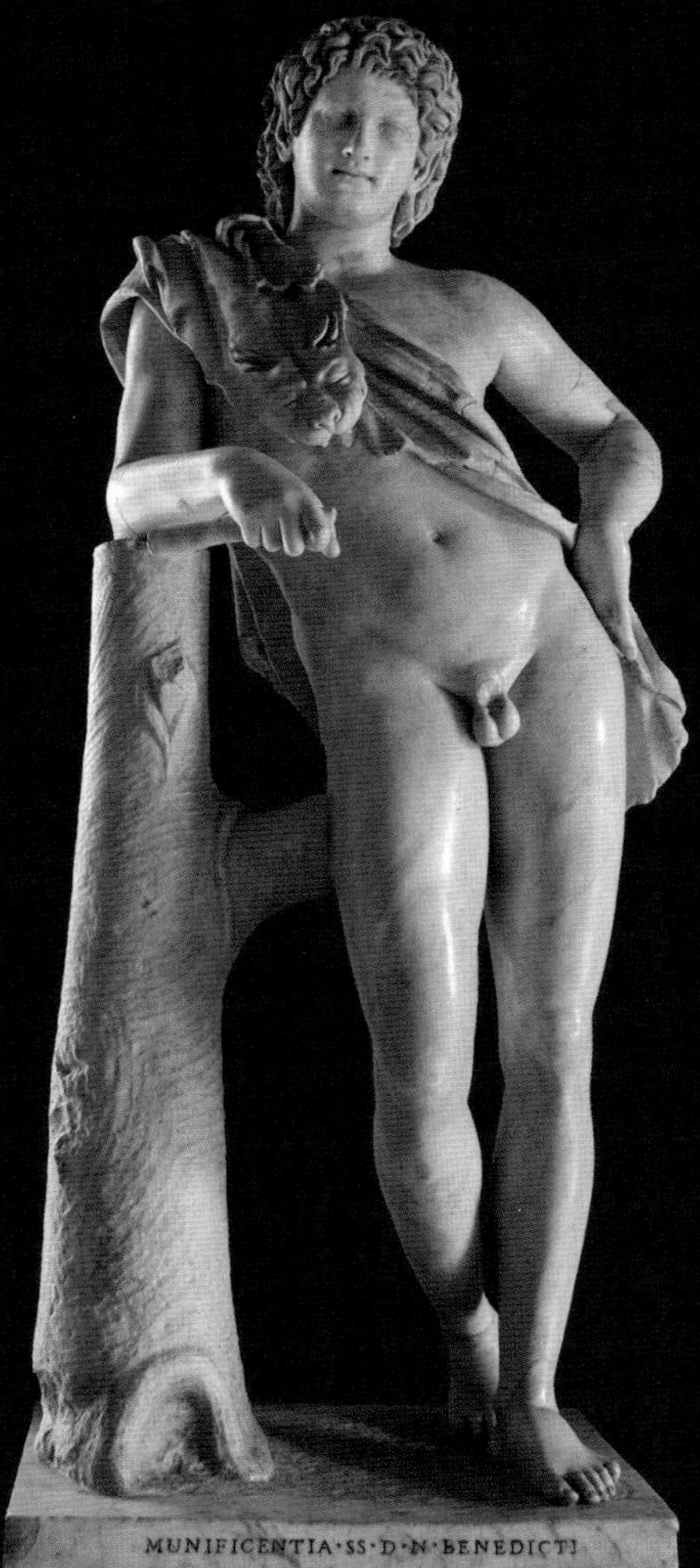

サテュロス〈カピトリーニ美術館蔵〉
プラクシテレス原作、ローマ人による模刻

トカゲを殺すアポロン〈ルーヴル美術館蔵〉
プラクシテレス原作、ローマ人による模刻

ルドヴィージの玉座〈ローマ国立博物館蔵〉

家族の墓碑〈メトロポリタン美術館蔵〉

新潮文庫

ギリシア人の物語３

都市国家ギリシアの終焉

塩野七生著

新潮社版

11805

目次

第一章　アテネの凋落　9
自信の喪失　13　人材の流出　28　ソクラテス裁判　40
第二章　脱皮できないスパルタ　53
勝者の内実　54　格差の固定化　60　護憲一筋　69
市民兵が傭兵に　84　スパルタ・ブランド　91
ギリシアをペルシアに売り渡す　100
第三章　テーベの限界　111
テーベの二人　112　打倒スパルタ　121　少数精鋭の限界　142
全ギリシア・二分　151　そして、誰もいなくなった　158

第四章　マケドニアの台頭　161

神々に背を向けられて　162　脱皮するマケドニア　166
新生マケドニア軍　174　近隣対策　186　経済の向上　190
オリンポスの南へ　199
「憂国の士」デモステネス　207　ギリシアの覇者に　236
父親の、息子への罰の与え方　250　離婚・再婚　257　暗殺　261

図版出典一覧　269

1巻　民主政のはじまり
第一章　ギリシア人て、誰？
第二章　それぞれの国づくり
第三章　侵略者ペルシアに抗して
第四章　ペルシア戦役以降
2巻　民主政の成熟と崩壊
第一部　ペリクレス時代
前期（紀元前四六一年から四五一年までの十一年間）
後期（紀元前四五〇年から四二九年までの二十二年間）
第二部　ペリクレス以後
前期（紀元前四二九年から四一三年までの十七年間）
後期（紀元前四一二年から四〇四年までの九年間）
4巻　新しき力
第一章　息子・アレクサンドロス
第二章　ヘレニズム世界

ギリシア人の物語3

都市国家ギリシアの終焉《しゅうえん》

第一章　アテネの凋落《ちょうらく》

敗退した覇権国家に代わって別の国家が覇権をにぎるのであれば、人間世界にもたらす弊害は相当な程度に避けることができるのである。

問題は、そのようなことにはならなかった場合なのだ。多極化などと言ってこのような状態こそが理想的な形であるとする人もいるが、実際は、混迷《こんめい》以外の何ものでもない。

しかもこの場合の混乱は、当事国に留まらず他の多くの国々にも波及していく性質を持っているので、一時的な混乱では済まず、「混迷」としたほうが適切な長期的な現象になってしまう。

三十年もの間つづいたペロポネソス戦役の終結は、都市国家《ポリス》アテネの凋落につながった。だが、それに続いた四十二年間は、「都市国家《ポリス》ギリシアの終焉《しゅうえん》」にまで行ってしまうのである。

日本語では「覇権」と訳されている言葉の語源は、古代ギリシア語の「hegemonia」（英語になるとヘゲモニー）だが、政治・軍事・経済・文明文化のすべての面で、一国が他の国々に対して強い影響力をふるう状態を意味する。

この意味の覇権国は、古代のギリシア世界では、都市国家アテネしかなかった。陸上戦力ではギリシア最強とされてきたスパルタだが、あのラケダイモンの戦士たちの国は、軍事力しか持っていなかったからである。

しかし、紀元前四〇四年を境にして、ペロポネソス戦役に敗北したアテネは覇権国の地位からすべり落ちる。

この年から始まってマケドニアが台頭してくるまでの半世紀を、研究者たちは、初めはスパルタ、次いではテーベ、の覇権時代であったとしている。

そうであれば、ギリシア世界の覇権は、アテネからスパルタに、そしてテーベにと移っていっただけなのだから、覇権の移行による弊害は、あったとしても相当な程度には押さえられていたはずであった。

にもかかわらず、ギリシア世界が行き着いた先は、「都市国家時代の終焉」であった。

政治制度ならば、民主政・寡頭政《かとう》・その混合と色合いはちがった。だが、アテネもスパルタもテーベも、都市国家であることでは同じであったのだ。反対にマケドニアは、王政の国である。

ただし、学者たちの手になる研究書を読んでいて感ずるのは、たとえ学者でも、文字で記されていることの裏、言ってみれば本音、まで読み取らねばという想《おも》いになることだ。

「覇権時代」と書いてあっても、それはあくまで括弧つきの覇権時代と読み取るべきということ。

ゆえにこの巻で物語られるのも、括弧つきではない覇権国であったアテネの八十年の後に出て来た、括弧つき覇権の四十二年間になる。

紀元前四〇四年に敗退したのはアテネだけだったが、その半世紀後に敗退するのは、ギリシアの都市国家《ポリス》のすべてになるのだから。

自信の喪失

ペロポネソス戦役に敗れた直後のアテネが、民主政（デモクラツィア）を捨て寡頭政（オリガルキア）に移行したのは、勝者になったスパルタから強要されたからではない。

アテネ市民自らが、三十年近くもつづいた戦役がこれ以上はないほどに屈辱的な敗北で終わったことで、百年もの長きにわたって彼らの政体としてつづいてきた民主政に対する、信頼を失ってしまっていたからである。

たしかに、前四〇四年当時のアテネは、それまでの八十年間に持っていたすべての「パワー」を失った。

主戦力であった海軍は、二百隻《せき》から十二隻に減らされた。これでは、近海の警備水準でしかない。

首都アテネと外港ピレウスの間の七・五キロを結んでいた「長い壁」も各所で破壊され、これがあったからこそ維持できていた自国の防衛と自国民への食の両面での安全保障も、無に帰したに等しい。

七十年以上もつづいてきた、「デロス同盟」も解体された。本国政府の意向というよりスポンサーであるペルシアの意を汲《く》むのに熱心なスパルタの将リサンドロスによって、同盟に加盟していたエーゲ海周辺の都市も島も、アテネからの独立という美名のもとに引き離されてしまったからである。

しかし、軍事同盟でしかないスパルタが盟主の「ペロポネソス同盟」とちがって、アテネ主導でつづいてきた「デロス同盟」は、軍事同盟であると同時に経済同盟でもある。デロス同盟とは、ギリシア民族の中でも格段に優れた経済感覚《センス》をもつアテネ人による「作品」だけに、当時ではどの国も考えなかった広域経済圏さえも形成していたからであった。

それで、同盟に加盟している都市や島には支社とか支店の感じで多くのアテネ人が住みついていたのだが、この人々も、リサンドロスによる強制退去令によって本国アテネに引き揚げていたので、エーゲ海を中にした広域経済圏も崩壊した。アテネは、ペロポネソス戦役の敗北によって、経済大国ですらなくなっていたのである。

また、同盟とは、いざというときには助けに来てくれると思えるから加盟しているのだ。二百隻だから助けに行けるのであって、十二隻ではそれも不可能。海軍大国で

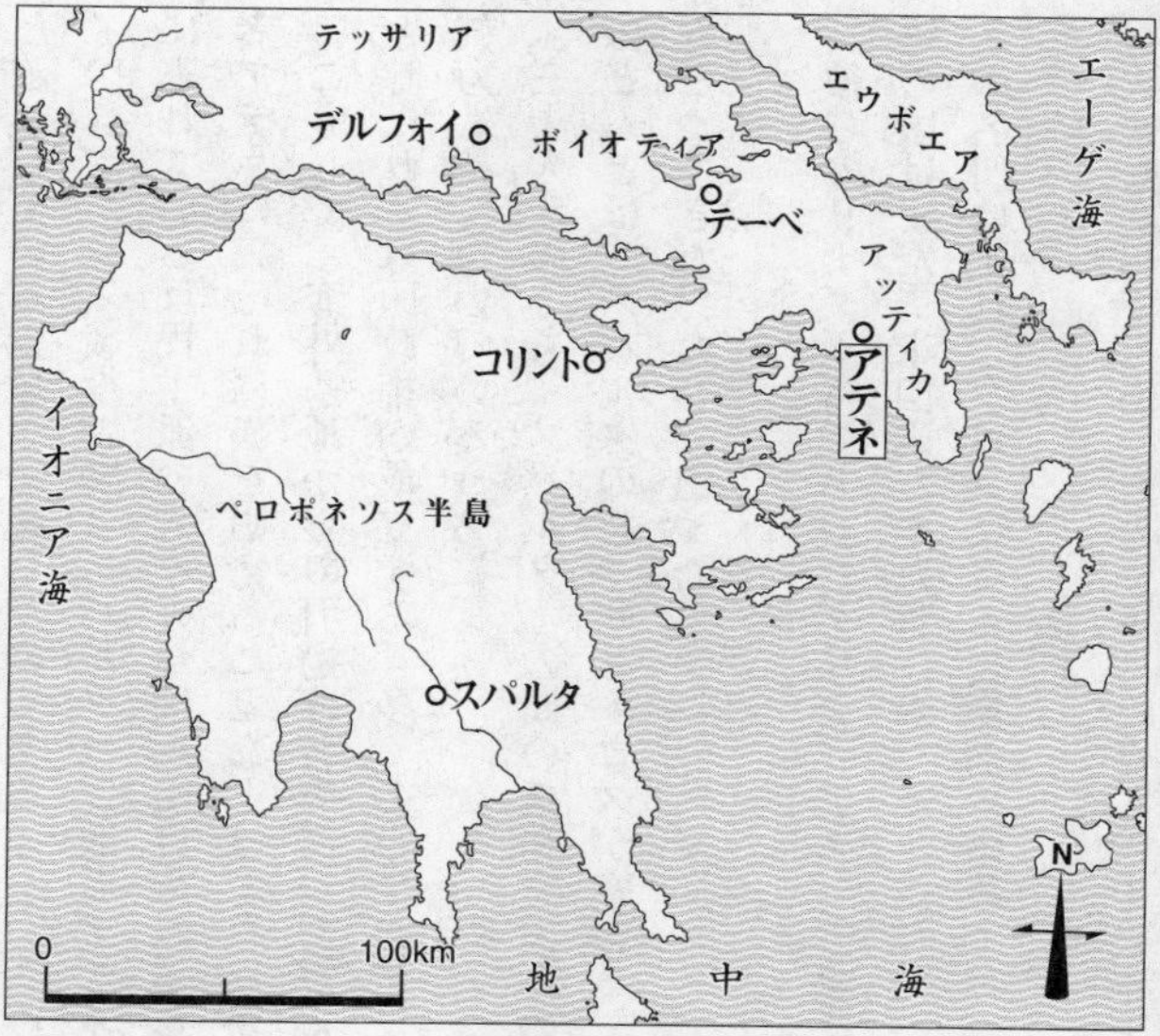

アテネとその周辺

はなくなったアテネは、もはやいかなる名で呼ばれようとも同盟の主導者《リーダー》にはなれないのであった。

しかし、長年にわたって享《きょう》受《じゅ》してきた覇権を奪い取られて他の都市国家並みの地位に突き落とされた現状に絶望したアテネ人が、自ら進んで民主政を捨て寡頭政を選んだのではない。

市民の大半は、すべてが一変した現状に呆然《ぼうぜん》自失の状態にあったのだ。そこに、アテネにも寡頭政が樹立さるべきと確信している少数が帰国したのである。

ペロポネソス戦役の勝者スパルタは、敗者アテネに突きつけた講和の条件に、他国に逃れている反民主派の人々の帰国を受け入れること、という一項も入れていた。敗者アテネに、それに異を唱えることなどはできなかった。

こうして、海外基地からの引揚げ者でごったがえしているアテネに、「三十人政権」と呼ばれる寡頭政権が成立する。多くの市民が、反対する理由も見出《みいだ》せず、反対する気力も持てないでいるうちに。

「三十人」のうち、スパルタとの間の講和をまとめるのに奔走したテラメネスを除くほとんどは、スパルタの将リサンドロスが率いる、いわゆる進駐軍とともにアテネにもどってきた男たちであった。

彼らのリーダー格であったクリティアス（Kritias）は、この時期ならば五十六歳。その頃はまだ二十四歳だった哲学者プラトンにとっては、母方の伯父にあたる。アテネの名門に生まれ、ソロンによる資産別の階級では、確実に第一階級に入る富裕者だった。

大変な美男でもあったという。ただし、十歳年下だから同世代としてもよいアルキビアデスが明るい美男であったのとはちがって、クリティアスは暗い美男《ダーク》であった。何をしようが怨念《おんねん》や怒りには無縁であったアルキビアデスとちがって、クリティアスの心中には常に強烈な怒りが燃えさかっていたからである。

才能にも恵まれており、詩・悲劇喜劇・哀歌《エレジー》方式で書いた政治論文と、後世には断片でしか遺《のこ》っていないが、鋭い知性と繊細な感性の持主であったことはうかがわれる。ただし、多方面に才能を発散した人によく見られる例だが、決定打としてもよい作品には結晶しないで終わる。

哲学にも関心があり、ソクラテスの弟子であったことは有名だ。この時期よりは五年後になる前三九九年、死刑を宣告されたソクラテスは毒杯をあおることになるが、告発し裁きの場に引き出した人があげた罪状の一つは、アテネの青年たちに悪影響を与えた、である。ソクラテスに影響されてアテネに害をもたらしたとされた筆頭が、アルキビアデスとクリティアスであった。

三十歳という、国家の要職に就く資格年齢に達するや国政の表舞台に躍り出たアルキビアデスとちがって、クリティアスの政界への登場は四十九歳になってからである。

なにしろ、人の名を記すのも呼ぶのにも、誰々の子の誰、とするのが習いになっているアテネのこと。三歳で父親が死んでくれたアルキビアデスとちがって、クリティ

ソクラテス

アルキビアデス

アスの父は、息子が五十歳に達しようとしているのに元気いっぱいで、それだけに一家の長になるのが遅れたからである。

紀元前四一一年、シラクサに遠征させた軍勢の惨憺《さんたん》たる最期《さいご》を知って呆然自失状態にあったアテネで、寡頭政権が成立する。その中心人物になった老カレスクロスのそばには、息子クリティアスがいた。「四百人政権」と呼ばれるこの寡頭政体は、アテネの反民主派が総結集して成った政権である。

だが、四ヵ月の短命で終わってしまう。その後を継いだ、有権者の数は増やしたものの寡頭政体ということでは変わらない「五千人政権」も、命は少しのびたが短命で終わったことでは同じだった。二年もしないうちに、アテネには民主政体が返り咲いたのである。無血で終始した一年余りの期間だったが、寡頭政権樹立に関係した人の多くは他国に逃げる。その間に父親は死んでいたようだが、クリティアスもアテネを離れた一人だった。このときの亡命生活は、六年に及ぶことになる。

紀元前四〇四年、ペロポネソス戦役の敗北で打ちひしがれているアテネに、同志を率いたクリティアスがもどってきた。今度は、勝者スパルタの軍勢に同行しての帰国であった。

五十六歳になっていたクリティアスは、亡命中にますます反民主と親スパルタの確信を強めていたようだ。もちろん、六年ぶりの帰国を果した彼の目的は、寡頭政権の再興。ただし、短命で終わった前回の経験は、絶対にくり返さないとも決めていた。「三十人政権」は、成立して間もないというのに、「三十人の暴君《ティラノス》たち」と呼ばれるようになる。反対派、つまり民主派と思われている人々を、肉体的に消していくと決め、それを実行し始めたからだった。つまり、無血から有血への方針転換である。

しかし、弾圧には、意識していようがいまいが、対象が自然に広がってしまうという性質がある。

民主派支持ではなくても積極的に寡頭派に賛同しなかったという理由だけで、有力な市民が次々と告発され死刑に処される例が増えていった。恐怖政治がアテネをおおうようになったのだ。

市民ではなくても有力者というだけで、在留外国人までもが狙《ねら》い撃ちになる。海外からの引き揚げ者たちの仕事を奪うからというのが理由だが、これは、ペロポネソス戦役で地に堕《お》ちたアテネの経済力にさらなる追い撃ちをかけることになった。デロス同盟という広域経済圏の消滅で、アテネ経済は深刻な打撃をこうむっていたのだ。在留外国人はそのアテネに、断たれてしまった海外との経済関係をつなげる、残された唯一の「糸」、の役割を果していたのである。

この恐怖政治は、ますますエスカレートしていった。粛清《しゅくせい》による犠牲者は、千五百人にものぼる。これには三十人政権内からも、強い反撥《はんぱつ》が巻き起った。三十人の中でも有力人物であったテラメネスが、クリティアスを名指しで非難したのである。

年齢的にはクリティアスと同世代のテラメネスは、敗戦後のアテネを代表してスパルタとの講和をまとめあげた人物として知られているが、心情的には寡頭派でも、頑固な寡頭派ではない。四百人政権時代、それに同意せずに民主派支持をつづけるサモス島に派遣され、このアテネの海軍基地を寡頭派に引きこむのが彼の任務であったのに、サモスで彼を迎えたアルキビアデスに説得され、この男の副将として海戦に参戦しているうちに、当初の任務は忘れてしまったという程度の寡頭派であったのだから。

エーゲ海の東側が戦場になったペロポネソス戦役の末期、アテネ側の連戦連勝で始まったスパルタとの海戦のすべてで、寡頭派であったはずのテラメネスは、民主派とされていたアルキビアデスに協力しつづけたのである。

もう一人、この時期にテラメネスとともに、本国アテネの「四百人政権」からサモス島に派遣された寡頭派がいた。トラシブロス（Thrasybulos）という。この人もまた、民主派に留まる意志を明らかにしているサモス島駐屯のアテネ海軍で、アルキビアデスの指揮下、テラメネスが右翼を率いれば彼は左翼を率いるという形で、祖国に勝利をもたらしたアテネ人であった。

ただし、ペロポネソス戦役の敗北後の前四〇四年に成立した「三十人政権」には、テラメネスは名を連ねていたが、トラシブロスのほうは参加していない。そして、「三十人政権」が「三十人の暴君《ティラノス》」に変貌《へんぼう》する兆候が見え始めるや、アテネを去ってテーベに逃げている。民主政への信頼を取りもどしたわけではなかったが、アテネの寡頭政の将来には希望を抱けなかったのかもしれなかった。

三十年もつづいたペロポネソス戦役が完敗に終わったことで打ちのめされていたこの時期、アテネの知的・社会的エリートに属す人々の中には、このトラシブロス・タイプが多かったのである。ゆえに「三十人政権」も、やり方しだいでは成功する確率はあったのだ。だからこそ、かつては闘いの場を共にした仲であるトラシブロスよりは寡頭政体への想い入れが深かったらしいテラメネスは、「三十人政権」に加わり、その内部からブレーキをかけようとしたのだった。

だが、この試みは失敗に終わる。ツキディデスの後を受けてギリシア人の歴史を書いたクセノフォンの筆によるこの両者の対立は、論戦にすらなっていない。理《ことわり》をつくして説得しようとするテラメネスに対して、その矢面に立たされたクリティアスは、怒りを爆発させることでしか対応しなかったからだった。

現代の研究者たちによれば、クリティアスは第一級の知識人であったという。だが私には、この人の胸中は、「四百人政権」と同じに「三十人政権」も失敗するのではないかという不安に苦しめられていたのではないかと思えてならない。不安、それが他者に転嫁《てんか》された結果である怒りは、人間を盲目にする。冷静な判断力を狂わせてしまうのだ。クリティアスにとってのテラメネスは、同志の中でも能力があった人だけに、かえって憎しみの対象になってしまう。殺すしかない、と思うほどに。

告発し裁きの場に引き出す理由などは、どうにでも作れる。国家反逆の罪を着せられたテラメネスは、アテネでは死刑のやり方として定着していたらしい、毒薬入りの杯をあおることで死んだ。杯に残った数滴は、「美男のクリティアスのために残しておこう」と叫びながら。

これが、テーベに逃れていたトラシブロスとその同志たちに、蜂起《ほうき》のきっかけを与えることになる。

だが、テーベを後にアテネに向けて南下を始めた当初は、トラシブロスに従うアテネ人は七十人に過ぎなかった。それが、首都に近づくにつれて数が増し、最終的には数千の規模になる。寡頭政に失望したからというより、恐怖政治に絶望した市民が、こうも多くなっていたということだろう。

頼れる同志はこの半分もいなかったクリティアスは、いずれも寡頭政同士なのだから、と考えたのか、スパルタに救援を求めた。

　スパルタも、これには応ずる。二人の王の一人であるパウサニアスが率いる、スパルタの正規軍を出動させてきたからだ。

　このスパルタに真正面から向って来られたら、トラシブロス率いるアテネの民主派も、ひとひねりにされていただろう。

　ところが、パウサニアスは、いったんは当ってスパルタ軍の力を見せつけた後はただちに退《ひ》き、スパルタにもどってしまったのである。つまりスパルタは、アテネの内部争いには関与する気はない、という意志を示したのだった。

　なぜこうなったのかの内情については後述するが、スパルタが手を引いてしまった以上、アテネの寡頭派と民主派の間で闘われる内乱になる。

　規模ならば、少しばかり大規模のデモ隊と警官隊の衝突程度だったが、双方とも武器を持ち、双方ともに相手を殺す気は充分にあった。

　ピレウス港の近郊で行われたのはやはり戦闘というしかなく、その結果、敗れたのは寡頭派で、激戦中にクリティアスは討死した。他に、大物二人も戦死した。

　何ともあっ気なく、「三十人政権」は崩壊したのである。成立から、半年しか過ぎていなかった。

勝った民主派を率いていたトラシブロスは、ただちに恩赦を発表する。クリティアスに従って闘ったアテネ人でも、罪はいっさい問わないと公表したのである。「三十人の暴君」による恐怖政治へのアレルギーが、いかに深刻であったかを示していた。

しかし、民主政体がもどってきたからと言って、その機能性までがもどってきたわけではない。

都市国家《ポリス》アテネの民主政《デモクラツィア》は、次の事柄と密接につながっていたからこそ、充分に機能できたのである。

エーゲ海のみでなく、地中海全域でも最強とされていたアテネの海軍。

首都アテネと外港ピレウスの一体化で成った、これまたギリシア世界一の経済力。

デロス同盟によって一段と活潑《かっぱつ》化していた、あらゆる面での知的・物的交流。

このすべてが、民主政にもどったとはいえペロポネソス戦役の敗北から二年も過ぎていないアテネには、もはやないのであった。

そのうえ、ギリシアのポリスの中でアテネを唯一《ゆいいつ》の国際都市にしていた、在留外国人の数も減少していたのである。

在留外国人と言っても他のギリシアのポリスからアテネに来て住みついている人だから、ギリシア人でありギリシア語を話す。

しかし、アテネは昔から、この人々には完全に門戸を開いていながら、何年アテネに住もうがアテネ市民権は与えず、つまり国政への参加は認めず、不動産の所有も認めてこなかった。それでいて、補助戦力にかぎったとしても、防衛軍にも加えている。それでもなおこの人々がアテネに住むのを選んだのは、その頃のアテネにはビジネス・チャンスがあふれていたからだ。

この種の魅力が、ペロポネソス戦役の敗北によって裸にされてしまったアテネから失われた。しかも、その直後の恐怖政治によって、生命や資産が奪われるという事態に直面する。アテネに住みつづけるメリットは、失われる一方になる。アテネはこの状況への解決策として在留外国人にもアテネ市民権を与える方針に変えていたが、数の減少をくい止めることまではできなかった。そしてこの現象は、もともとからのアテネ市民の中間層を直撃することにもなるのである。

在留外国人には、不動産の取得は認められていなかった。それでアテネには、定住したり一時の商用でアテネを訪れる外国人のための賃貸し住宅が多かった。

アテネへの外国人の流入が活潑化するのは、紀元前四八〇年、第二次ペルシア戦役で大勝してからである。あれからの七十年以上もの歳月、アテネ市民の多くは、在留外国人が払ってくれる家賃収入が家計の少なくない部分を占める状態に慣れていたのである。

それが、敗戦が急であったのと同じにこちらのほうも急に、見込めなくなってしまったのだ。

しかもそれに追い討ちをかけたのが、民主政にもどった政府の課した不動産税である。家賃収入は入らなくなっても家の所有者ではあるのだから、この新税は払わなくてはならない。

ただしこの新税が、一時的なものだったのか税率はどのくらいであったのかまではわかっていない。それでも、国庫が空《カラ》という理由で、経済力が上向いてもいないのにその穴を税で埋めようというのだから、市民に評判が良いはずはなかった。評判が悪い政策をつづけていると、政治への信頼も低下してくるのである。

人材の流出

しかし、より性質《たち》の悪い現象は、人の流れが変わったことである。以前は、他国からアテネに、人々が流入していたのだ。それが、ペロポネソス戦役で敗北して後は、アテネから他国に流出するように変わったのだった。

この人の流れは、大きく二つに分類できた。知的エリートと一般の庶民である。

ギリシア悲劇の三大作家の一人エウリピデスは、マケドニア王に招かれてアテネを捨てた。将来を期待されていた若き悲劇作家でありソクラテスの弟子でもあったアガトンも、マケドニアに去って久しい。だがこの二人も、他国へ行ったからと言って傑作が書けたわけでもなかったのである。

つまりアテネには、傑作をモノせる何かがあったことになる。それが、今でもアテネに残っている有名人は、ソクラテスとアリストファーネスだけ。ソクラテスはいつもの彼でありつづけたようだが、アリストファーネスのほうはこの時期、作品をほとんど発表していない。辛辣《しんらつ》な批評精神によって笑いのめすことさえ出来なくなったほど、希代の風刺喜劇作家もそれを喜んで観《み》ていたアテネ人も、沈みきっていたのかもしれない。

エリートではなかった人々の流出は、他国に行って働く傭兵《ようへい》としてである。傭《やと》い主は、ギリシアの他のポリスではない。八十年も昔の話といっても、完膚《かんぷ》無きまでにやっつけたペルシアである。

それでも大帝国のペルシアが傭い主ならば高給を払われてであろうと思いたいところだが、それがまったくそうでないのだから哀《かな》しい。主戦力である重装歩兵として闘うのに、ペリクレス時代のアテネが、補助戦力としていた三段層ガレー船の漕《こ》ぎ手に支給していた額の一・五倍しか払われていない。高給を保証してくれるから、他国に出稼ぎに行ったのではない。アテネでは生活していけなくなったから、出稼ぎに行くしかなかったのである。

しかも、これ以上に哀しいのは、他国へ行った芸術家が傑作を作れていないのに似て、傭兵たちも、歴史を画すほどの戦闘の一員にすらなっていない。ペルシア帝国内の勢力争いに、使われただけであった。

不思議なのは、アテネでは不可能でも他国でならば可能になる、ではないことだ。アテネでダメならどこへ行ってもダメ、ということで、エリートも非エリートも共通していた点である。

ペロポネソス戦役の勝者であり、「スパルタの覇権時代」とさえ言われる時代になっても、スパルタには、パルテノンに匹敵する壮麗な神殿を建てようと考えた人はいなかった。

「アテネあってのギリシア」とは、誇張でも過大評価でもなかったのだ。

祖国を捨てて海外に出て行ったアテネ市民の一人に、いまだ二十代と若いクセノフォンもいた。

ソロンの改革による資産別の階層では、騎士階級とも呼ばれていた第二階層に生れているので、アテネに残っていても生活していけないわけではなかった。ソクラテスの弟子の一人でもある。この二人の出会いも、いかにもソクラテスらしかった。

小路を歩いていると、向うからソクラテスが歩いてきた。狭い街路だから、いずれは顔をつき合わせることになる。問いかけたのは、いつものことだがソクラテス。

「新鮮な魚は、どこに行ったら手に入るかね」

若いクセノフォンは、名だけは聴いていた哲学者に対していねいに答える。「魚市場でならば手に入ります」

それにソクラテスは、なおも問いかける。

「知性はどこで手に入るかね」

答えようもなく黙ってしまった二十三歳に、六十六歳は言った。

「わたしに従《つ》いて来なさい」

というわけでソクラテスの弟子に加わったクセノフォンだが、弟子仲間であり年齢も同年輩だったプラトンとはちがった。二人とも心情的には寡頭派だったが、その派のリーダーのクリティアスとは伯父と甥《おい》の間柄にありながら現実政治には距離を置いていたプラトンとはちがって、クセノフォンは積極的に関与する。トラシブロス率いる民主派とクリティアス率いる寡頭派がぶつかった内戦でも、寡頭派側に立って闘った。

幸いにも命を落とすことなく、その後の恩赦もあってアテネに居つづけたクセノフォンだが、民主派が復帰したアテネでは、将来に希望が持てなかったのかもしれない。その頃友人の一人から、ペルシアの王弟キュロスの要請を受けたスパルタが派遣する軍勢を集めている、と知らされる。

ペルシアに送られるのは、王が率いる正規のスパルタ軍ではない。スパルタ人の将の指揮下にあるとはいえ、軍勢としては、他国に傭われ他国の利益のために闘う傭兵軍である。それに加わるとすれば、カネで傭われて闘うので、祖国のために闘う市民兵よりは社会的には下と見なされる。

血気盛んな若者であったらしいクセノフォンも、簡単には決められなかったようである。それで、ソクラテスに相談した。

ソクラテスには、質問されてもそれに直接は答えない、というクセがある。

このときも、デルフォイに行ってアポロンの神託を受けたらよい、としか答えなかったのだが、それは、自分で考えて自分で決めよ、ということでしかない。ただしこれには裏がある。人間には、自分で考え自分で決めても神さまのＯＫがあると安心して先に進めるという性癖があり、それを見透しての忠告なのであった。

クセノフォンも、デルフォイには行ったらしいが、結局は自分で考え自分で決めたのである。ペルシアへ行って、傭兵になろうと。

しかし、この時期に祖国を離れた多くのアテネ人と同様に、クセノフォンも一時の出国では終わらなかった。二十六歳の年に祖国を後にしてから七十二歳で死ぬまで、祖国の土を踏むことはなかったからである。数多くになった著作中の一作さえも、アテネで書かれたものはなかった。

全著作が現代にまで遺っているという、古代の作家としてはまれなる幸運に恵まれたクセノフォン（Xenophon）だが、代表作というならば、『ギリシア史』と『アナバシス』の二作だろう。

何らかの原因で執筆を中絶せざるをえなくなったツキディデスの後を継いで、ペロポネソス戦役の末期から始まって、都市国家時代のギリシアの終焉になる前三六二年までを書いたのがクセノフォンの『ギリシア史』だが、ツキディデスの作品と比べると、観察力、洞察力、文章による表現力のいずれをとっても相当な差がある。史料としての価値は大きいが、それを使って叙述することで成る歴史家としてはツキディデスには及ばない、とするしかない。

しかし、自らの体験を書いた『アナバシス』は、世界最初のノンフィクション作品にふさわしい出来である。岩波書店も同じような考えであったのか、岩波文庫には、松平千秋訳の『アナバシス』はあっても、『ギリシア史』の訳本はない。

ちなみに、「アナバシス」（Anabasis）とはギリシア語ではただ単に「上り《のぼ》」の意味でしかないのだが、おそらく古代のギリシア人も昨今の日本人に似て、ペルシアの

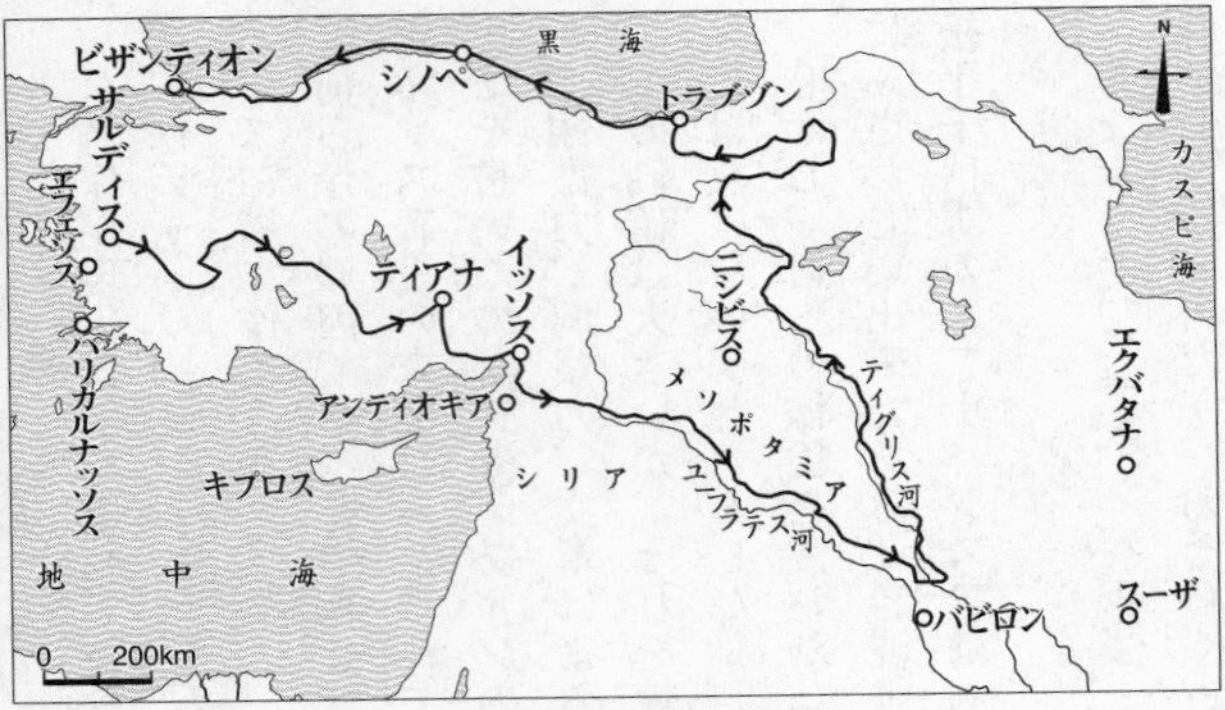

クセノフォンの敵中突破行

首都に向うのは「上り」、首都から地方に行くのは「下《くだ》り」と考えたのではないかと思う。

ところがクセノフォン作の『アナバシス』の叙述の主要部分は、小アジアから出てメソポタミア地方へ行くまでの「上り」よりも、そこでの戦闘には勝ったものの王弟キュロスが戦死したことで敵中にとり残されてしまったギリシア人の傭兵たちの、故国にたどり着くまでの六千キロに及ぶ脱出行、つまり「下り」で占められているのである。岩波版の『アナバシス』の副題も、「敵中横断六千キロ」となっているのが示すように。

ペルシア王がくり出す追撃の波を、一万人もの兵士を率いながら突破して行くという難事中の難事をやりとげた指揮官の一人が、弱冠二十八歳のクセノフォンなのであった。

こうなると、いやでもこの十四年前に起きたことを思い出してしまうのである。あの年、シチリアに遠征したアテネ軍は、シチリア一の強国シラクサの攻略に失敗しただけでなく、そこからの脱出にも失敗して全滅してしまったのだ。あのときのアテネ軍が試みたのが、シラクサからは六十キロ北にあるカターニアまでの脱出行であった。

クセノフォンが指揮して成功した脱出行の、百分の一の距離しかない。それでいてシラクサのアテネ軍は全滅し、その十四年後に同じアテネ人が率いたギリシア人の傭兵軍は、敵の波状攻撃をかわしながらの二年間の後とはいえ、全員の半ば以上になる兵士には、無事に故国の土を踏ませることができたのだった。

ソクラテスに弟子入りはしても哲学者にはならず、歴史家としてもツキディデスには遠く及ばなかったクセノフォンだが、一万人もの兵士を率いての敵中突破という、難事中の難事をやりとげたリーダーとしては、相当に優れた能力の持主であったと思うしかない。

そのクセノフォンを、この五年後に祖国アテネは国外追放に処してしまうのだ。スパルタ側についてアテネに弓を引いたというのだから、理由はなくもないにしろ、さしたる危険人物とは見なされていなかったクセノフォンへの追放が解かれるのは、三十二年が過ぎてからになる。クセノフォンにとっては、三十三歳から六十五歳までの、人生のほとんどと言ってよかった。

政体の如何《いかん》にかかわらず、住民共同体ではある国家が機能するか否《いな》かは、持てる力《パワー》をどれだけ効率的に活用できたかどうかにかかっている。天然資源に恵まれなかったアテネにとっての資源は、「人間」であったのだが。

紀元前四〇四年のペロポネソス戦役敗北を境に、急坂をころげ落ちるに似た速度でアテネの力が落ちていく様は、慨嘆の想いなしには物語れないほどである。都市国家《ポリス》アテネは、あらゆる面での主導権を失い、それを再び回復することはできなかった。

一年足らずの間にしてもアテネ中を震えあがらせた三十人政権も、民主派の復帰で過去のことになっていたにかかわらず、である。

そもそもアテネに民主政が復活できたのも、三十人政権から救援を求められながらも最後の最後で軍を引いた、スパルタの王パウサニアスのおかげであったのだ。

もはやアテネ人は、自分たちでは自国の運命を決める力は持っていないという現実を、実証したにすぎなかった。

トラシブロスには、七十人でも決起する勇気はあったが、再び手にした民主政体を機能させていくには欠かせない、悪賢いとしてもよい知力まではなかった。

だが、何よりもアテネ人自身が、「デモクラツィア」と呼ばれる政体には、それを機能させていくのに必要な力量を持ったリーダーが不可欠であるという認識に目覚めるのを、無意識にしろ拒絶しつづけたからである。

ペリクレスの巧妙さは、実際は「ただ一人」でも最終決定を下すのはきみたち全員だ、と思わせたところにあった。アテネの民衆《デモス》が、「ただ一人」の必要に目覚めたからではなかったのだ。その証拠に、彼の後に現われたリーダーたちは、一人残らず力を発揮できないままで終わってしまう。育てる気などは始めからないから、頭角を現わし始めるやつぶしてしまうのだ。

より多くの人の頭脳を結集すればより良き政治が行えると思うほど、「デモクラシー」は単純には出来ていない。

より多くの人の頭脳を誘導《リード》できる人はもはやおらず、誘導する人の存在理由も認めなくなって久しいアテネ人にとって、民主政《デモクラツィア》を機能させること自体が重荷になっていたのかもしれなかった。

それでもアテネは、四年に一度のオリンピック休戦が必要という、ギリシア人の国である。

ペロポネソス戦役敗北後の十年ほどは静かにしていたが、というより静かにせざるをえなかったのだが、戦争という魔物から縁を切れたわけではない。

と言って一貫した政略《ストラテジー》もないので、反スパルタのポリス連合に加担してスパルタを敵にまわしたと思ったら、スパルタと組んで他のポリスに戦争をしかけるという有様。

何のために戦場に人を送っているのかわからないでいる間に、人間だけは確実に死に、国庫はそのたびにカラになり、それを埋めるのに新税を乱発し、結果は、当り前だがさらなる経済の悪化。

風刺喜劇作家のアリストファーネスが、十年の沈黙を破って書いた『女の議会』も、この時期に上演されている。

男どもにまかせておいてはこの惨状からの脱出は絶望的と見たアテネの女たちが、議会の乗っ取りという過激な行動に出るというのが、この作品のストーリー。彼女たちから、国政を担当する資格無し、と断じられた男たちの中には、民主政復活の功労者ではあった、トラシブロスもいたのである。

アテネ人の社会では、女は一人前の存在とは見なされておらず、もちろんのこと市民権も与えられていない。

その女たちから愛想をつかされたというのだから、これはもう、「風刺喜劇」ではなく「悲劇」であった。

もはや自分たちには自分の運命を決める力はないという冷酷な現実は、それが可能と思いこんできた時代を経験しているアテネ人にとっては、なおのこと耐えがたく、憤懣《ふんまん》やるかたなし、の心境であったのかもしれない。

この空気の中で、ソクラテス問題は起ったのである。

ソクラテス裁判

弟子のクセノフォンが遠く離れたペルシアの地で、敵中突破六千キロの最後の行程に入っていたと同じ紀元前三九九年の春、ギリシアのアテネでは、七十歳になっていたソクラテスが裁きの場に引き出されていた。

告発したのはメレトスという名の、ソクラテスを告訴したというだけで歴史に名が残った、言ってみればチンピラである。ただし、文学で名をあげようとしてうまくいかなかったこの若者を裏で操っていたのは、アニトスともう一人の民主政府の大物だった。

ソクラテスを死に追いやることになるのは、少数指導政とも呼ばれる「寡頭政《オリガルキア》」ではなく、決めるのは市民全員であることが基本の「民主政《デモクラツィア》」であったのだ。

訴因とされたのは二つ。ギリシア伝来の神々への信仰を欠いているということ。アテネの若者たちに哲学を説くことによって、彼らに悪影響を与えたということの二つである。

法律にはまったく無知の私でも、素朴な疑問ならばわいてくる。

第一は、信仰という客観的基準の存在しえない事柄を、証拠の有無が最重要条件になる法律で裁けるのか、という疑問。

アテネの若者たちに悪影響を与えたという第二の訴因を聴けば、当時のアテネ人が即座に思い浮べたであろう二人が、アルキビアデスとクリティアスである。二人とも、ソクラテスの弟子としても有名だった。そして二人とも、都市国家アテネに害をもたらしたと見なされていた。

アルキビアデスは、裁判所の出頭命令を無視してスパルタに逃げ、祖国アテネに害をもたらすことになる戦略を敵国スパルタに与えた、というのがその理由。

クリティアスのほうは、三十人政権という名の寡頭《かとう》政を樹立して、それによってアテネに恐怖政治をもたらしたことで、民主政の敵とされていたのである。

ただし二人とも、すでにこの世の人ではない。アルキビアデスは五年前に暗殺され、クリティアスも四年前に戦死していた。

それなのに、なぜ今になって？

現代の研究者の中には、ソクラテス裁判当時のアテネの民主政府が、民主政の存続に自信が持てなかったからだ、とする人がいる。

それでもあえて、この二人に罪があったとしよう。

しかし、要職に就く資格年齢は三十歳と決まっていたアテネで、アルキビアデスがスパルタに亡命したのは、彼が三十五歳の年である。クリティアスが恐怖政治を布《し》いたのは、五十六歳の年であった。

成人に達して久しい弟子の行為にまで、青少年時代の「師」であった人は責任を負わねばならないのか。

ソクラテスは、考えることの大切さを教えたのであって、その結果が民主派になろうと寡頭派になろうと、それは哲学の問題ではなく、政治の問題であると考えていた。彼自身は、徴兵されれば戦争に行き、抽選で選ばれれば国家公務員も務めたが、それは、民主政アテネだからそうしたのではなく、祖国アテネの市民としての責務を果すという、ごく自然な愛国心からそうしたのである。

弟子たちの中に、民主派がいようと寡頭政シンパがいようと、それは彼にとって問題にはならなかった。

同時に、社会的に上流に属そうが下流に属そうが問題ではなく、アテネ社会の市民の中には入れてもらえない奴隷《どれい》でも、知を愛する想《おも》いさえ共有していれば喜んで弟子に加えていたのである。しかも、その誰に対しても無報酬で。

このような人間を、最大多数の人々を考えて作られている法律で、裁けるものであろうか。

ソクラテスを裁く役割は、民主政アテネの慣例にのっとって、抽選で抽出された五百人の市民に託された。

その五百人を前に、告発者メレトスは、言ってみれば検察官を務める。被告ソクラテスの罪状をとりあげて非難し、死に処すのが妥当な刑罰だと主張する。

この検察側弁論の後に、第一回の投票、つまり裁決が行われた。

有罪、二五〇票。無罪、二二〇票。白票、三〇票。

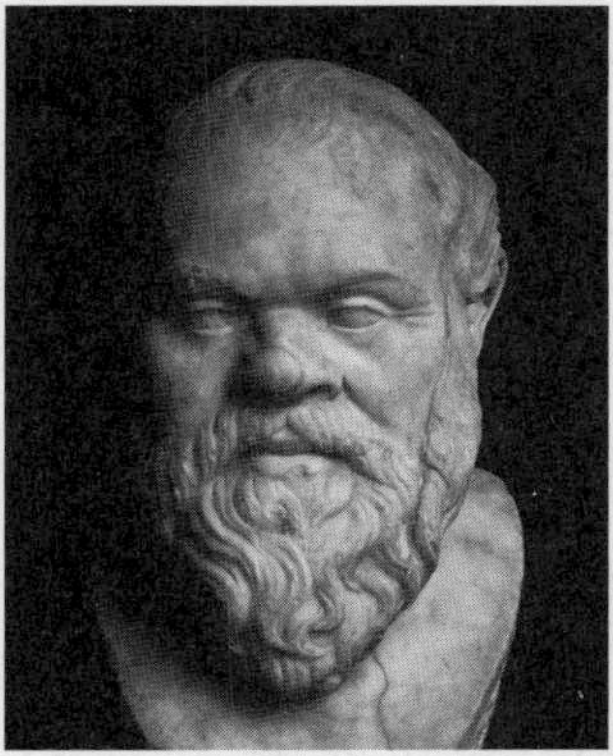

ソクラテス

五百人の「裁判官」の中には、ソクラテスが訴えられている訴因なるものからして、疑問をいだいた人が少なくなかったのかもしれない。

また、有罪と無罪の差がわずかである場合、アテネでは、さしたる額ではない罰金を払うか、それとも他国に自主亡命でもすれば、そこでもう裁判は終了になるケースが多かったのである。

しかし、ソクラテスに、その妥協案のどちらも受け入れる気はなかった。

そのうえ、この後に来る弁護側弁論も、彼自らが行う。弁護役を職業にしている人に頼むとか、その種の人が書いたものを法廷で読みあげるだけという、当時のアテネでは一般的に行われていたやり方も拒否したのである。

しかも、これまたアテネの法廷では普通のやり方である、泣きわめく妻や子たちを連れてきて裁判員たちの同情心を引くという戦術もとらなかった。

情状酌量などは断固拒否し、正攻法による「弁明」を展開したのである。

日本でのギリシア研究は、昔から、偏重気味と思うくらいに哲学に集中している。その中でもとくに、プラトンに集中している。つまり、プラトンの対話篇を通して、ソクラテスに集中しているということだ。

それで、プラトンの翻訳書ときたら、時代を代え人を代えて大量に存在し、選ぶのに困るくらいに、数多くの出版社から数多くの訳本が出ている。

その中でも、ソクラテス裁判関係にかぎれば、次の三つになるだろう。

『ソクラテスの弁明』——舞台は裁きの場。原告側の告発と、被告の弁護と、それに五百人の裁判員たちがどう反応していったかという、裁判の経過のすべてが叙述される。

『クリトン』——刑が決まった後の、牢獄《ろうごく》内の独房が舞台。

ソクラテスさえその気になれば、ここから逃げ出して生をまっとうできると勧める弟子のクリトンに対し、これまでの長年にわたって築き上げてきた自分の考えに反するからそのようなことはできないと、理《ことわり》をつくし、それでも優しく説明するソクラテス。

『パイドン』——舞台は同じ、牢獄内の独房。

毒人参《にんじん》入りの飲物の入った杯を飲み干す時刻が迫っている独房内には、居ても立ってもいられない想いの弟子たちがつめかけ、ある者は頭をかかえ、他の者は絶望のあまりに髪をかきむしっている中で、ソクラテスのほうがかえってなぐさめ役にまわるという、いかにもソクラテスの最後にふさわしい情景がくり広げられる。とはいえなぐさめ役も、ソクラテスがやるとなるとちがってくるのだが。

師の最後の時に集まった弟子たちは、死を前にしたソクラテスの口から、ソクラテス哲学の真髄を聴くことになるのである。かってアルキビアデスが、「涙があふれてきて止まらなくなる」と言った真髄を。

『ソクラテスの弁明』と『クリトン』と『パイドン』の三作は、三幕物のドラマに似ている。

三作とも、この時期は二十八歳と若かったプラトンの師への敬慕の心情に満ちあふれ、最上の書き手を得たと思うくらいに、プラトンの文才が冴《さ》えわたる傑作になっている。

これらを読むわれわれは、観客席の最前列にでも坐《すわ》って、舞台上でくり広げられるドラマを、息を殺して見つめているような気分になる。

西洋哲学はギリシアに始まってギリシアで終わる、とは思っているが、その世界での最大スターがソクラテスなのであった。

ちなみに、さして哲学的には出来ていなかったローマ人だったが、ギリシア時代に生きたギリシア人の中で、遺《のこ》された原作から最も多くの模作を作らせたのはソクラテスである。それも、広場とかに仰々しく置くのではなく、公共の図書館内か自宅の書斎に置くためであったと思われる、等身大の胸像という親しみのある形で。

しかし、五百人の裁判員による判決が、有罪二五〇人と無罪二二〇人で、罰金でも払えばそれでことが済んだ状態から一変して死刑に決まったのは、ソクラテスがくり広げる正攻法の弁明を聴いた後の最終判決が、有罪三六〇人、無罪一四〇人と、大差がついてしまったからである。

なぜこうなったかは『ソクラテスの弁明』を読めばわかるのだが、一言で言ってしまえば、適度な落としどころでことを収めようと思っていた裁判員たちを、ソクラテスが怒らせてしまったからだった。

自分は罪状とされていることはいっさい認めないが、これまで自分は、徴兵されれば二度も戦場に行き、一度は公務員まで務めることで都市国家《ポリス》アテネの市民としての責務は欠かさなかったのだから、そのわたしを裁こうとしている法もアテネの法である以上はそれに従う、と明言したからだ。

これは、アテネの市民たる者の責務に反しているという理由で彼を裁こうとしていた、アテネの裁判員全員に向けられた、痛烈な挑戦であった。

こうも言われてもまだ無罪に投票した百四十人の裁判員は、ソクラテスが述べる彼の考えに同感であったのかもしれない。しかし、その三倍近くにもなる三百六十人はちがった。

なぜ、三百六十人は怒ったのか。

この時期のアテネ人は、自分たちでは自分の国の運命を決められない情況の中で、イライラしていたからだと思う。

そこにソクラテスが現われ、罰金や自主亡命でことを収めてもらわなくてけっこうだ、わたしは、自分の運命は自分で決める、と明言したのだった。

このソクラテスに、市民たちは反撥《はんぱつ》したのだ。つまり、イライラするしかない自分たちと比べて、イラついてなどいないソクラテスに怒りを爆発させたのだった。その結果が、大差をつけての死刑判決である。

このような想像にでも訴えないかぎり、有罪とした二百五十人が翌日には三百六十人に増えた理由がわからない。

だが、ソクラテスによる挑発戦術は、彼にしてみれば成功したのだった。

ソクラテスはこの年、人生の終わりに近づいたとしてもよい七十歳に達している。

ペリクレスの死の年には四十一歳だったから、アテネの黄金時代を満喫した世代に属す。

ペリクレス亡《な》き後のアテネに甚大《じんだい》な被害をもたらしたシチリア遠征軍が全滅した年には、「信じられない」でいるアテネ人の中で、哲学者は五十七歳になっていた。

ペロポネソス戦役の敗北直後のアテネを襲った混乱と悲惨も、六十六歳で味わっている。

つまり、ソクラテスは七十年の生涯で、民主政アテネの栄光とそれに継ぐ凋落の、すべてを体験した人なのだ。

その彼にとって、家族よりも大切な存在ではなかったかと思われる弟子たちも、暗殺されるか戦死するかで死に、死ななかった若い弟子たちも、アガトンやクセノフォンのように、アテネを捨てて他国に行ってしまった。

そして、ソクラテスにとっても弟子たちにとっても祖国であったアテネは、民主政は復活したものの自信までは復活できず、一貫した政略《ストラテジー》も見出《みいだ》せないままに、イライラしてはその責任を他者に転嫁するばかり。

ソクラテスは、何一つ書き残さなかった人である。書いた作品がなければ、その人の生涯が作品になる。

となれば、どう生涯を終えるかは、どう作品を書き終えるかと同じことになる。ソクラテスも、自らの生涯をどう終えるかを、考えたのではないかと思う。

思索と言動と表現の自由という、アテネ人が創造した理念を貫き通しながら、それにどう幕を引くか、を。

そして、彼自身の死に方を初めから終わりまで見せることは、師が弟子たちに与えられる、最上の教えでもあった。

そのソクラテスに心酔しきっていた若きプラトンも、師のこの想いを正確に汲《く》み取ったのではないだろうか。

『ソクラテスの弁明』『クリトン』『パイドン』という、三幕仕立てのドラマにも似た三作品を読んでいて感ずるのは、これこそソクラテス哲学の集大成だ、という想いなのだから。

　また、『パイドン』で描かれている、毒人参入りの飲料を満たした杯を飲み干した後のソクラテスには、苦しそうな様子が見られないことも考えさせられる。

　まず始めは、四肢の末端が麻痺《まひ》してきて、冷たくなってくる。その症状は少しずつ心臓に迫ってくるのだが、その間ずっと、頭脳の冴えは少しも衰えない。

　それでも、眠くなってくるという形で、毒が身体《からだ》の中心まで侵してくるのは止まらない。だが、その間もずっと、痛みも感じないようで、苦しむ様子はまったく見られない。

　このソクラテスの最後の言葉は、「わたしの代わりにアスクレピオス神に、犠牲のにわとりを一羽捧《ささ》げてくれたまえ」であった。

　安楽死の方法としては、理想的にさえ思える。

　少なくとも、毒杯は自分で飲み干すのだから、死刑ということでは同じでも、絞首刑などとちがって、よほど人間の尊厳に配慮したやり方ではないか。

　ソクラテスも、見苦しい振舞いはいっさいすることなく、自分の生涯に自分で幕を降ろしたのである。

ソクラテスは、あのような罪を着せられて死なねばならないことを逆手にとって、彼の哲学を完成させたのだが、一方のアテネのほうは、アテネに最後まで残っていたこの愛国者を死刑に処したことで、これ以降も迷走から脱出する力さえもないことを証明してしまう。

ソクラテス裁判は、哲学上のテーマに留まらず、歴史上のテーマでもあるのだ。

ソクラテスとは、ギリシアの他のポリスからは絶対に生れなかった、テミストクレスやペリクレスと同質の、「真正アテネ人」の一人であったと思う。

彼らに共通しているのは、相手は動揺させても自分はいっさい動揺しない、それでいながら動揺したあげくに不安になっていた人々までも巻きこんでいく才能にも恵まれていた、という一点である。

だからこそ、一時的には敗者になっても、永遠の勝者になれるのだろう。

第二章　脱皮できないスパルタ

野生動物の世界では、変化する環境に適応できたものだけが、生き残ることができると言われる。人間世界ではどうなのか、と考えてしまう。

勝者の内実

三十年近くもつづいたペロポネソス戦役で、敗れたのはアテネであり、勝ち残ったのはスパルタであった。

侵攻してきた大国ペルシアを前に、この両都市国家《ポリス》が協力することで撃退に成功した第二次ペルシア戦役の年から数えれば、実に四分の三世紀にわたってギリシアの覇権を二分してきたのが、アテネとスパルタである。

この二ポリス間で争われたペロポネソス戦役が終わった紀元前四〇四年、敗れたアテネは覇権国の地位から突き落とされ、二度ともどることはないままに終わる。

だがこの時点では、残った唯一《ゆいいつ》の覇権国家がスパルタであるのは明らかだった。無条件降伏を飲むしかなくなっていたアテネに突きつけた講和のうちの重要事項の二つともが、スパルタが長年アテネに要求してきた事柄であったのがそれを示している。


第一は、アテネ人が「長い壁」と呼んできた、首都アテネと外港ピレウスの間七・五キロを結んでいた通路の破壊。

これは、両側ともに六メートルの高さの堅固な城壁に守られ幅も百八十メートルと広い、通路と呼ぶのがはばかられる前代未聞《みもん》のインフラで、テミストクレスによって造られて以来の七十四年もの歳月、「アテネ・ピレウス一体化」の名が示すように、アテネの安全保障の基本として定着していたのである。

首都が敵に包囲されても、外港ピレウスを通して海外からの食糧その他の必需品の補給は、完璧《かんぺき》に保証されていたのだから。

そして、アテネにとって、陸側から攻めてくる可能性のある国は、ペルシアを撃破して以降はスパルタになっていた。

スパルタも、それは感じとっていたらしい。「長い壁」には建設当初から猛反対していたし、既成事実になって以後も、スパルタを仮想敵視している象徴だと、不快に見ることをやめなかったからである。

勝者スパルタが敗者アテネに飲ませたことの第二は、「デロス同盟」の解体であった。

同時に飲ませたのは、常時二百隻《せき》の三段層ガレー船を海に出す力を持っていたアテネの海軍力を、その十分の一以下の十二隻、近海警備用にしかならない十二隻に減らさせたことである。

ギリシア最強の海軍力を持つアテネが主導してきたからこそ機能していたのが「デロス同盟」であったから、そのアテネを覇権国家の地位から突き落とそうと考えるスパルタにしてみれば、これもまた当然の処置であった。

だがここで、読者に考えてほしいことが一つある。

それは、「長い壁」の破壊もアテネ海軍の非軍事化を伴った「デロス同盟」の解体も、それをアテネに飲ませたスパルタの意図は、単純に軍事的なものであったという一事である。

ところが、長い壁による「アテネ・ピレウス一体化」にも「デロス同盟」にも、経済的な側面があったことだ。

「アテネ・ピレウス一体化」によって、アテネは、エーゲ海にかぎらず東地中海世界一の通商センターになったのだし、「デロス同盟」はアテネに、広域経済圏を恵んだのであった。

前四〇四年の敗戦は、アテネを、海軍を主とした軍事大国の地位から突き落としただけでなく、経済大国の地位からも突き落としたのだ。

しかし、この側面がスパルタには理解できなかった。質実剛健をモットーにしていたために国内では鉄製の通貨の使用しか許さず、そうなれば他国の商人たちは嫌うので他国の物産も入ってこないというスパルタで生きてきた彼らに、経済的感覚《センス》がまったく欠けていたとしてもしかたがない。

だが、このような国が唯一の覇権国家になったギリシアに、将来はあるのだろうか。

自分一人がもうけることを考えていたのでは、長期的にもうけることさえもできなくなる。反対に、他人にももうけさせるつもりでビジネスすると、自分も他人も長期的にもうけることができるようになる。

経済には無知な私の考える経済感覚とはこの程度なのだが、「アテネ・ピレウス一体化」も「デロス同盟」も、軍事政策であるとともに経済政策でもあったのだった。

ギリシアの他のポリスの人間よりもアテネ人が、この種の感覚《センス》に秀《ひい》でていたのである。

それは、彼らが、民主政を考え出し、他のどのポリスよりも、長年にわたって機能させてきたからだ。

民主政《デモクラツィア》もまた、社会の階層間の交流によって最大多数がトクし、それによって国全体の利益までが飛躍的に向上することを狙《ねら》った、政治思想でもあるのだから。

一方のスパルタは、格差が固定した寡頭政《オリガルキア》でつづいてきた国であった。

とはいえ、ペロポネソス戦役後のギリシアでは、スパルタが唯一の覇権国になったのは事実である。だがこのスパルタに、まったく問題が無かったわけではない。

それどころか、建国以来としてもよいくらいに重大な問題に直面していたのである。

今風に言えば、アイデンティティ・クライシス、と呼んでもよいくらいの危機に直面していたのだった。

三十年近くもつづいた「ペロポネソス戦役」を子細に追っていくと、戦役を左右するほどの戦果をあげてきたのは、常に、スパルタ社会ではアウトサイダーであった人々であることがわかる。

そして、戦役を終わらせた功労者も、これほどのアウトサイダーはないと思う地位にしかいなかった、リサンドロスであった。

反対に、二人いる王のうちの一人が率い、その王の参謀役と自認している「エフォロス」二人が必ず同行することから、スパルタの正規軍とされていた人々だが、その彼らはこの三十年もの間、何をしていたのか。

毎年夏になるやアテネの領土であるアッティカ地方に侵攻し、そこで耕作地を荒らしまわり、秋に入るやスパルタに引き揚げ

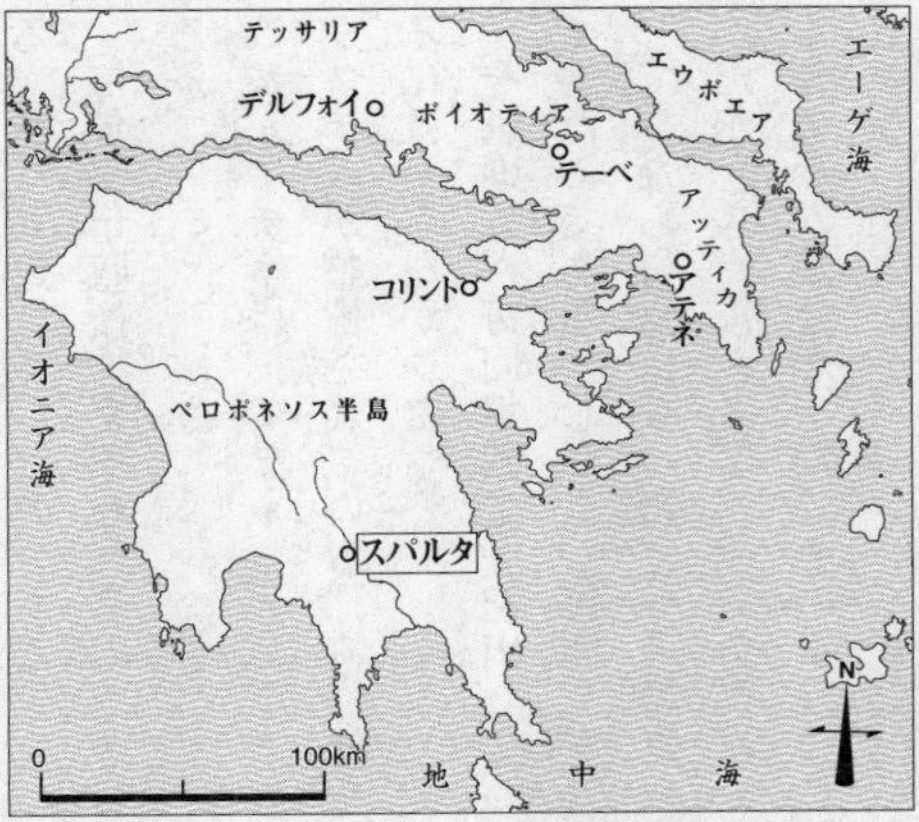

スパルタとその周辺

る、をくり返していたのである。

毎年毎年収穫物を奪われるのだから、アテネの農民たちが受ける被害は大であったろう。

だがアテネは、アテネ・ピレウス一体化と強力な海軍力によって、海外からの補給システムが整備されている。耕作地を荒らされるくらいでは、アテネを兵糧《ひょうろう》攻めにするには至らなかった。

それゆえ、毎回毎回走者を出していながら得点には結びつかない、野球の試合に似ていたのである。しかも、毎回レギュラーを出していながらだ。それがベンチ組を出してみたら得点になったというのだから、チーム全体の空気はどうなるのか。

だが、スパルタには、ベンチ要員であろうと実力しだいではレギュラーに格上げするシステムがなかった。そのようなことをしようものなら国自体が成り立たなくなるという、社会構造でつづいてきた国であったからだ。

格差の固定化

ここで、このスパルタと江戸時代の日本との比較を試みるが、二千年の時代差があり、西洋と東洋の地域差があるにかかわらず比較の対象にするのは、ただ一点のみの共通性にある。

社会の階層を固定化したことによって、三百年の平和を享受《きょうじゅ》したという一点のみ。ただし、環境は同じではなかった。スパルタのサムライたちは対外戦争をせざるをえなかったが、日本のサムライはそれはしなくて済んだということである。

日本という国自体がまだ生れてもいなかった前八世紀末、リクルゴスが定めた「憲法」をその後も長く厳守してきたスパルタは、ペロポネソス戦役が終わった前五世紀末までにしろ、この階層別による社会格差は厳格に守られ、その結果、ギリシアの他のポリスでは日常茶飯事であった国内の党派争いからも無縁で、それによる果実が三百年の平和であった。

一万人前後しかいないスパルタの戦士だけが市民権を持ち、市民集会での投票を通して国政に参加し、武器を手にしての祖国防衛の義務も果していたのである。

数の上ではその十六倍にもなるヘロットは、生れてきてから死ぬまで農業に従事し、スパルタのサムライたちの生活をささえる農奴《のうど》として一生を送るしかなかった。

数ではスパルタ市民の七倍はいたというペリオイコイも、手工業や小規模の商業に従事していながら、スパルタ社会の成員とは認められていなかったことでは、ヘロットと変わりはなかった。

このように社会の階層が固定化していたのは、北から攻めてきたスパルタ人が、それまでラコーニア地方に住んでいたヘロットやペリオイコイを征服した支配者であったからである。ヘロットやペリオイコイのちがいも、ペリオイコイは早い時期に降参し、ヘロットは後になってようやく降参した、ということでしかなかった。

だが、このようにスパルタでは社会の格差は厳然と存在し、しかもそのままで長年つづいてきたのだが、それでもこの格差は社会面にかぎられ、経済上の格差はさほどではなかった。

ヘロットでも、収穫した農産物の半ばを供出すればよく、残りは自分のものにすることが認められていたし、ペリオイコイに至っては、この種の〝税金〟はずっと軽かったようである。

なにしろ、支配階級に属すスパルタ市民からして質実剛健をモットーにしているので、スパルタの国自体の経済力が低水準にあり、被支配者たちを搾取《さくしゅ》するまでもなかったからである。

この、経済面での格差がさほどではなかったことも、三百年の平和の要因の一つではあった。

しかし、この間長くスパルタが平和を享受できたのは、一万人にしろスパルタの戦士たちが打ち立てた、ギリシア最強の陸上戦力という名声にあった。

スパルタの重装歩兵《ホプリーテス》と聴けば泣く子も黙ると言われたほどで、これが国内のヘロットやペリオイコイを押さえつけておくのに役立っただけでなく、ギリシアの他の都市国家に対しても、無言の圧力をかけてきたのである。

それが、ペロポネソス戦役が終わってみれば、毎回走者を出しながら得点には結びつかなかったというていたらく。しかも、戦役を終結させたのは、ピンチヒッターの感じで送り出したヘロット出身のリサンドロスときている。

これでは、勝者になったとはいえ、スパルタ社会のエリートたちが、アイデンティティ・クライシスに陥ったのも当然であった。

スパルタ人とはまったく記録を残さなかった人々で、その彼らの想《おも》いに迫るには、アテネやその他の都市国家で起きた史実を視界に入れながらの推理を働かせるしかない。ゆえに、推理の結果にしろ、どうやらスパルタの上層部の中ではこの時期、相当に厳しい意見の対立があったようなのである。

だが、その端緒ならばすでに、敗れたアテネに対しての処置をめぐっての対立に表われていた。

いかに出身は農奴でも、ペロポネソス戦役を終わらせた功労者がリサンドロスであることは、スパルタの上層部も認めていた。

しかし、スパルタ社会のアウトサイダーたちの誉れとしてもよいこの武将は、戦い方自体からして汚なかったが、勝った後もその汚れを消したいかのように、敗者に対して残忍極まりない振舞いに出ることに、ためらいの一片も示さなかった人である。

前巻の最終部で紹介したように、捕虜にしたアテネ軍のストラテゴス四人の首を彼自ら剣をふるって斬《き》ったり、捕虜の中からアテネ人のみを選び出した三千人もの男たちを、槍《やり》で突き刺して殺させたのも彼だった。

また、デロス同盟の加盟国のすべてから、退去命令に反すればあの三千人と同じ運命が待つと脅し、海外に在住していたアテネ人全員を本国に強制帰還させたのも彼である。

戦闘を重ねてたどり着いた結果としてではなく、これ一事で「デロス同盟」の解体を実現してしまったのだから、リサンドロスが有能であったことは確かだ。

しかし、彼の祖国スパルタは、武人の魂だけで生きているような国である。敗北したアテネを被告席にすえた講和会議には、リサンドロスには出席さえも許さなかった。もしもその場にリサンドロスが出席していたとしたら、この機にアテネに復讐《ふくしゅう》したい一心のコリントの強硬意見に与《くみ》していたかもしれない。コリントやテーベは、ペロポネソス同盟の一員としてスパルタの指揮下、三十年もアテネと闘ってきたことで、講和の席では勝者側に坐《すわ》っていたのである。そして、アテネの成年男子の全員は殺し、女子供は奴隷《どれい》に売り払い、アテネの市街地は破壊されてさら地にすることを、強硬に主張していたのがこれらのポリスだった。

しかし、リサンドロスは、出席を許されなかっただけでなく、アテネからも遠ざけられていた。「デロス同盟」解体後も唯一アテネ側に残っていた、サモス島の制圧を命じられたからである。それで、スパルタを代表して会議に出席していたのは、二人いる王の一人のパウサニアスになる。若き王は、敗れたアテネは地上から抹殺さるべきと主張するコリントとテーベの代表に向って、激しい口調で言った。
「きみたちは忘れたのか。きみたちの国が自由な都市国家として今なお存続し、きみたちが自由な市民として発言できるのも、七十五年前にアテネが先頭に立って、侵攻してきたペルシアを撃退してくれたおかげであることを、忘れてしまったのか！」

アテネの男たちは、殺されずに済んだ。女も子供も、奴隷に売り払われずに済んだ。市街地もさら地にされず、パルテノンを中心にしたアクロポリス全体も、ペリクレスが建てた当時のままで残ることができたのである。

若き王に一喝されて、各ポリスの代表たちが理性をとりもどしたのではない。勝ち残った唯一の覇権国家がスパルタであるという事実の前には、誰もが黙るしかなかったからである。

だが、この年の秋にはまたも、パウサニアスとリサンドロスの対立は再開していた。これもまた、アテネをどうするか、という問題をめぐってである。

敗戦直後のアテネでは「三十人政権」の名の寡頭《かとう》政が政権をにぎったのだが、恐怖政治にしてしまったために市民たちの支持を失い、国外に逃げていた民主派の帰国を許してしまう。

危機感に駆られたクリティアスは、リサンドロスに救援を求めた。このスパルタの武将が、民主派を嫌っているのは有名だった。リサンドロスも、何の条件もつけずにこの要請を受ける。

ところが、スパルタ本国からは別の指令が届いたのだ。

アテネで樹立された寡頭政権は助ける。だが、それへの救援に送り出すスパルタ軍は、王が率いる正規軍にし、リサンドロスも左翼を指揮して参戦する、と。

スパルタでは常に、王は右翼を率いることに決まっていた。それだけに戦闘《バトル》の行方を左右するのが、王の率いる正規軍になるのだが、それゆえ、主戦力を率いるパウサニアスの指揮下に、左翼を指揮するリサンドロスも入ることになる。

ピレウス港の近郊で対決したアテネの民主派と寡頭派の内戦とて、このスパルタ軍に参戦されては、結果は闘う前からわかっていただろう。民主派はアテネから、永遠に追放されていたにちがいない。

ところが、スパルタ軍の最高司令官でもあるパウサニアスは、一応は当って敗れての撤退ではない程度の戦果をあげた後は、全軍を率いてさっさと帰国してしまう。リサンドロスも、その王の後に従《つ》いていくしかなかった。この結果、三十人政権のリーダーだったクリティアスは戦死し、リーダーを失ったアテネの寡頭政は敗退し、アテネには再び民主政権が復活したのである。

スパルタの王であるパウサニアスに、民主政へのシンパシーがあったからではない。唯一の覇権国となったスパルタに、覇権下に入った他の都市国家にまでスパルタ式の寡頭政を強いる力はない、と見たからである。

無言の圧力も、それが効力を持つにはやはり、適度な量は必要だ。ギリシアでは、ポリスの数自体が多い。たとえ「無言の圧力」にしても、それらすべての都市国家に「圧力」をかけるには、一万人前後しかないスパルタの重装歩兵では充分ではない、と見たのだと思う。

一方、たたきあげだけに深く考える能力まではないリサンドロスは、ギリシアのポリスのすべてが寡頭政体になれば、スパルタは、ゆるぎない覇権国家でありつづける、と思いこんでいたのだろう。

それでもこの両者の対立は、既成勢力の象徴的存在である王とたたきあげのアウトサイダーの対立は、ペロポネソス戦役でアテネが敗退した年から二年ほどの間は、パウサニアスの優勢で進むのである。常に五人いる「エフォロス」が、この時期はパウサニアス側についていたからだった。

護憲一筋

スパルタを語るたびに言及せざるをえないのが「五人のエフォロス」だが、それは、このスパルタ独特の制度が、スパルタという都市国家をすべての面で左右していたからである。端的に言えば、スパルタは、「エフォロス」による管理社会であったのだ。

二人いる王は、スパルタの主戦力である重装歩兵団を率いて戦場に向い、そこで戦闘を指揮することだけが仕事。

スパルタの誇りでもある重装歩兵《ホプリーテス》は、「戦場では敵に背を見せるな、戦いの場では、勝つか死ぬか」のみを考えるのだけが仕事。

一万人前後しかいない重装歩兵が有権者であるのがスパルタの市民集会だが、そこから毎年五人ずつ選ばれてくるのが「エフォロス」である。彼らは「リクルゴス憲法の番人」を自認しており、そうなれば当然、彼らの仕事が国の内外ともの政治になっていくのは、このスパルタ社会では当然の帰結でもあった。アテネの「ストラテゴス」がスパルタに行って交渉する相手は、王ではなくて「エフォロス」であったのだから。

しかし、一見すれば鉄壁なこの「エフォロス」制度には、二つの重大な欠陥があった。

第一に、任期は一年でしかなく、しかもつづけての再選は不可と決まっていたので、国政の一貫した持続性に欠ける危険が大であったこと。

第二は、二十歳から六十歳までという重装歩兵の現役世代から選ばれるので、兵士としての経験は豊富でも、総司令官の経験ならばゼロの人が選ばれてきていること。

忘れてならないのは、戦場では、兵士は肉体で闘うが総司令官は頭脳で闘う、というちがいである。アテネの「ストラテゴス」は、政治の責任者であると同時に軍の総司令官でもあったのだ。

それでもなお、この「エフォロス」制度が機能していたことによって、スパルタは、この時点までにしても三百年の間、国内の安定を享受できたのである。問題は、この時点以降、つまりスパルタが唯一の覇権国になって以降にあるのだった。

「エフォロス」制度がこれ以降も有効か否《いな》かを試される機会は、スパルタが唯一の覇権国になった二年後に訪れる。

紀元前四〇二年、スパルタに、ペルシアの王弟キュロスからの要請が届いた。ペルシア本土への、スパルタ軍の派遣を要請してきたのだ。

目的も記してあった。現王アルタ・クセルクセス二世に反旗をひるがえし、自分がペルシアの王位に就く手助けをせよ、がそれである。

軍事上の援助をスパルタに求める理由も書いてあった。ペロポネソス戦役がスパルタの勝利で終わったのも、小アジア西部の最高責

スパルタの重装歩兵

任者であった自分からの資金援助があったからで、今度はスパルタが自分を助ける番だ、というわけだ。

たしかに、戦役末期にペルシアの豊富な資金がスパルタ側に投入され、それを活用したリサンドロスの働きで、三十年もつづいた戦役が終結したのは事実であった。しかし、助けてあげたのだから今度はそちらが助ける番、というのは、個人間ならば理《ことわり》になりうる。だが、国となるとちがってくる。助けた結果がマイナスになった場合の損失は、国全体にのしかかってくるからだ。こうなると冷徹な情況判断が必要になり、国家間ならばその結果が、要請拒否になろうと、国の統治者としてはそのほうが「理《ことわり》」になる。

また、王弟キュロスの決起の理由からして、説得性が微弱だった。

現王は、キュロスにとっては、同じ母から生れた実の兄である。その兄が先に生れたというだけで王位に就いているのは人倫に反するから決起して、王位には自分が就くというのがキュロスの言い分だが、その根拠が、父がまだ王でなかった時期に生れたのが兄で、父が王位に就いてから生れたのが自分、というのだから、ギリシア人ならずともその「理由」には、首をかしげた人が多かったろう。

それでも、兄王が暴君で王位を占めるには不適な無能者であるというのならば、長子継承が決まりのペルシアの王家でも、「理由」になれたかもしれない。ところがアルタ・クセルクセス二世は、温厚な性格で統治も相当に巧みで好戦的な王でもないときているのだから、その王を倒して弟が代わるというのも、ペルシア人にはどれほど説得力があったろうか、と思ってしまう。

この時期には五十歳前後という分別盛りにあったはずのキュロスが、長年にわたって温めるしかなかった彼の野心の持っていきようもないままに、母后が兄よりも弟の自分を可愛《かわい》がっているということだけを頼りに兄に反旗をひるがえしたというのだから、スパルタの国政を預かっている「エフォロス」には、慎重な対応が求められて当然であった。

どうやらパウサニアスは、この冒険には反対であったようである。もう一人の王であるアギスは、老齢でしかも病床にあった。一方、この年担当の五人の「エフォロス」は、長期的展望に立っての判断力となると、疑問視するしかない男たちであったのだ。

スパルタは、キュロスの要請を受け、王弟への助っ人としてスパルタ軍を送ることに決めたのである。

だが、このときも、以前に経験済みのやり方を選ぶ。

つまり、王が率いるスパルタの正規軍は送らない。司令官クラスはスパルタ人で固めるが、彼らの指揮下で闘う兵士たちはギリシア全土から志願者をつのり、この人々への報酬は王弟キュロスが責任を持つ、と。

この条件にはキュロスもＯＫし、翌・前四〇一年早々に、ギリシア人で構成されるキュロス応援軍は、小アジアに位置するペルシア側の都市サルディスに集結する、と決まった。

アテネ人のクセノフォンの筆になる『アナバシス』は、敵中突破六千キロを叙述したノンフィクションの傑作だが、単なるアクション・ストーリーではまったくない。

これに参加した時期は二十代の半ばでしかなかったクセノフォンだが、末席にしろさすがはソクラテスの弟子であった若者。冷徹《クール》で正確な現状認識力に優れ、この作品を読むだけでさまざまな事柄が理解でき、考えさせてもくれる。偏見を持たない現状認識は、哲学する者にとっての基本でもあるのだ。

ペルシア支配下の小アジア

サルディスに集結した全軍の規模は、合計すれば、主戦力の重装歩兵《ホプリーテス》だけでも一万を越えていた。ほぼ全員がギリシア人。その中でもスパルタからの兵士で指揮官もスパルタ人の重装歩兵は、はっきりしているだけでも一千七百人にのぼる。

まず思うのは、一万前後しかいないスパルタの〝虎《とら》の子〟の中から、一千七百も外国に出してよいのか、ということ。

唯一の覇権国になったというのに、それゆえギリシア内の他の国々への、無言の圧力にしろ圧力はかける必要があるという時期なのに、このようなことをする余裕はなかったはずだが、なぜスパルタの「エフォロス」はそこまで考えなかったのか、ということである。

それに、スパルタ以外からの志願兵は、テッサリア地方から南のギリシアの全域にわたっているのだが、そうなったのも研究者たちによれば、ペロポネソス戦役も終わったことゆえ失業者になってしまった元兵士たちが、いっせいに志願したからであるという。

だがこれも、もしも唯一の覇権国になったスパルタが禁じていたならば、実現しなかったはずである。

また、ギリシアの他のポリスからの志願兵とて、初めの頃は自国の指揮官に率いられていたが、結局はスパルタ人の指揮下に組み入れられるのだ。

その中には、もはやスパルタの傘下《さんか》に入るようになったアテネからも、三十人の騎兵が参加している。クセノフォンも、その一人であったのかもしれない。

そしてスパルタは、海上戦力でも、王弟キュロスの要請に応じていたのだった。三十五隻の三段層ガレー船で成る、スパルタ海軍を派遣したのだから。ただしその実体は、全面降伏したアテネから取り上げた軍船で成り、艦長から船の操縦者から漕《こ》ぎ手に至るまでがアテネ人という、「スパルタ海軍」ではあったのだが。

彼ら全員を率いる総司令官は、スパルタの武将クレアルコス。リサンドロスのような、スパルタ社会のアウトサイダーではない。クセノフォンによれば、公正で義に厚く、スパルタの勇士そのものという感じの男であったらしい。ただし、それだけに、人間心理の裏の裏まで読むという、悪賢さはなかった。

おかげで、ペルシア側の奸計《かんけい》に引っかかって、部下の兵士たちが敵中突破六千キロに入る前に、総司令官であるその人が騙《だま》し討ちにあってしまう。

とはいえ、他のスパルタの将たちも似たような男たちであったので、若いアテネ人のクセノフォンが、敵中突破行のリーダーに躍り出ることにもなるのである。

スパルタは、このようにして、王弟キュロスの要請に応じたのだった。

王が率いていないのだからスパルタの正規軍ではないと、スパルタの実質的な管理者である五人の「エフォロス」は考えたのだろう。だが、スパルタがキュロスを全面的に応援していることは、誰の眼にも明らかだった。しかも、その結果ときたら……。

メソポタミア地方にまで遠征した「スパルタ軍」は、ペルシアの首都近くで行われた現王との会戦で、戦闘的には勝つ。

だが、自分の手で兄を討ち取ろうとあせって前線に出たキュロスは、兄王の部下たちから返り討ちにされてしまう。古今東西の別なく戦闘《バトル》では、総大将の生死が戦闘の結果を左右することが少なくない。

軍事的には勝っていた「スパルタ軍」も、キュロスの死を知って勢いを盛り返したペルシア軍を前にしては逃げ出すしかなかった。

敵中突破六千キロ、の始まりである。もちろん、突破して行くのは、反乱軍壊滅という大義名分を持つペルシア王国の正規軍による追撃だ。ギリシアに帰り着くまでの六千キロの踏破に、二年もかかってしまったのも当然であった。

王弟キュロスの要請に応じたのは、スパルタにとっては完全な失策であったとするしかない。

しかも、この外政上の大失策を、長年のライヴァル・アテネを下《くだ》した年、つまりペロポネソス戦役に勝った前四〇四年から、わずか三年後に犯したのである。これ以降、ペルシアの現王アルタ・クセルクセス二世との関係が、険悪化するのは充分に予測できた。

スパルタが外政面での誤りを犯すのは、このときに始まったことではない。だが、その年はちがった。クセノフォンが敵中突破行の生き残りの五千人をスパルタ側の高官の手に「返し終わった」紀元前三九九年、スパルタの上層部内では、失敗に終わったキュロス応援をめぐって、相当に激しい対立が生じていたのである。

対立は、王のパウサニアスと五人の「エフォロス」の間で起きていた。ペルシア遠征の失敗は明らかなのだから、パウサニアスによる「エフォロス」糾弾は力を持ったと思うところだが、そうではなかった。リサンドロスが、「エフォロス」側についたからである。

ヘロット（農奴）出身のリサンドロスにとっての王は、普通ならば言葉を交わせる相手ではない。だが、ペロポネソス戦役を終わらせた第一の功労者が彼であるのは、スパルタ人でも認めるしかない厳とした事実である。つまりスパルタでは、このたたき上げは有力者になっていたのだった。

にもかかわらず、重要なことの決定の場からは、ことごとく排除されてきた。アテネとの講和の席、アテネの寡頭政からの求めに応じて軍を出したとき、と。しかも彼を排除してきたのは、常にパウサニアスであったのだ。

リサンドロスが「エフォロス」側に立ったのも、五人の「エフォロス」が決めるスパルタの対外政策を擁護したかったからではない。「エフォロス」のほうが、アウトサイダーである彼にとって味方にしやすかったからにすぎない。

もう一人、「エフォロス」側に立った人がいる。一年前に王位に就いたばかりのアゲシラオス二世で、この人の「エフォロス」支持も、個人的な理由から出ていた。

スパルタでは昔から、二つある王家から一人ずつ、王が出ると決まっている。一人は、この時点ではパウサニアス。もう一人の王はアギスだったが、老齢を享受した後に死んでいた。実の息子が一人いたが、いまだ未成年。

このような場合、スパルタの王家では、正統な後継者が成年に達するまでの間、伯父などの近親者が後見役を務めるのが通例になっていた。

だが、前王の弟で四十四歳になっていたアゲシラオスは、甥《おい》の後見人になるのではなく、自分が王になると決める。武術の訓練中の怪我《けが》で歩くのが不自由になっていたというが、その身体《からだ》での部屋住みで後半生を送る気になれなかったのかもしれない。

なにしろスパルタは、身体の障害を持って生れた赤子は、そのまま崖《がけ》から突き落として殺す、という国なのだ。不具者だけならば居心地の悪いスパルタでも、王になれば、と考えたとしても無理はなかった。

しかし、正統な後継者がいながら王位を横取りするのだから、スパルタ人が納得する程度にしろ理論武装は欠かせない。また、力になってくれる味方も必要だった。

その味方に、パウサニアスから厳しく糾弾されている五人の「エフォロス」と、パウサニアスに恨みを抱いていたリサンドロスがなるのである。

アゲシラオスは、前王の息子は王アギスの実子ではなく、スパルタに亡命していた当時のアルキビアデスと王妃の間に生れた、不義の子であると主張したのだ。それをリサンドロスが、援護射撃をする。肉体的欠陥はあっても、前王同様に先の王アルキダモスの息子とはっきりしている人のほうが、アテネ人の血を引いている疑いのある若者を王にするよりも、リクルゴスの法に照らせば正しい、と言って。そして、リクルゴスの法の番人と自負している「エフォロス」たちも、このスパルタの憲法を持ち出されれば異論はなかった。

こうして、王の息子として十五歳まで育ったレオティキダモスは王になれず、叔父のほうが王位に就いたのである。

王位に就いたアゲシラオスは、四十年もの間王位を占めつづける。毎年五人ずつ選ばれてくる「エフォロス」には、就任に際し贈り物を忘れず、彼らが市民集会の会場に入ってくるや、王でありながら起立して迎えたという。

しかし、もう一人の王であるパウサニアスと「エフォロス」の間の対立は、この時点ではまだ火を噴かなかった。まずもって、パウサニアスの権威はゆるがなかったし、「エフォロス」による国内外にわたっての管理システムに、スパルタ内でも疑問を抱く人が少なくなかったからでもある。パウサニアスのほうもその間、「エフォロス」制度改革の地ならしに専念していた。つまり、憲法改正をもくろんでいたのだ。

火が噴いたのは、四年が過ぎた前三九五年になってからである。その年、リサンドロスが、戦いに出向いていた先で戦死した。有力な味方を失った「エフォロス」たちは、何らかの手を打たないかぎり、「エフォロス」制度が崩壊するという危機感を強く持つ。

罪をでっちあげるのは、代々の「エフォロス」の特技でもあった。国家反逆罪で、王のパウサニアスを召喚したのである。

パウサニアスにとっては名も同じ祖父のパウサニアスは、紀元前四七九年にスパルタ軍を率い、プラタイアの会戦でペルシアの大軍を完膚なきまでに破った人であった。それによって、サラミスの海戦の勝者でアテネ人のテミストクレスと並ぶ、第二次ペルシア戦役の英雄にもなっていた。だが、「エフォロス」に冤罪《えんざい》を着せられ、神殿内に逃げ、その中で餓死するしかなかった人である。

また、父親で王でもあったプレイストナクスも、「エフォロス」制度の犠牲者であった。「エフォロス」の決めたアテネ相手の戦端を開くのに気が進まず、秋が近づきつつあるという理由にもならない理由をあげて軍を解散して帰国し、「エフォロス」をカンカンに怒らせてしまう。その結果、敵国アテネのペリクレスから買収されたという罪をでっち上げられ、退位させられたのだった。

パウサニアス一家は、三代にわたって「エフォロス」と対立してきた男たちであったのだ。

三代目のパウサニアスは、「エフォロス」からの出頭命令に応じなかった。隣国のアルカディアに逃げ、そこで一ギリシア人として平穏な十五年を送る。

逃げられてしまった「エフォロス」は、それ以上は追及せず、パウサニアスの息子を王位に就けて、それで終わりとした。憲法改正の試みさえつぶせば、目的は達せたからである。

しかし、「エフォロス」によるパウサニアス排除の成功は、スパルタに、現状からの脱皮の機会を永遠に失わせてしまうことになる。唯一《ゆいいつ》残った覇権国なのに、覇権国でありつづける好機を逃してしまったのだ。

スパルタが括弧つきであろうと覇権国でつづく歳月は、この後の二十年間でしかなかった。

アゲシラオスのほうは、無理に就いた王位に四十年間も居坐ることはできたが、それがために、スパルタの覇権国からの転落を見ることになる。それどころか、都市国家時代のギリシアの終焉《しゅうえん》まで、眼にすることになってしまうのである。

市民兵が傭兵《ようへい》に

しかし、ギリシア人にとっての最大の不幸は、ソクラテス裁判に見られたアテネ人の自信喪失よりも、スパルタ人に見られた硬直状態よりも、もっと別のところにあったように思う。

それは、ギリシアの男たちが、かつては自国のために闘っていたのが、今や他国に傭《やと》われ他国のために闘うように変わったことである。都市国家ギリシアの市民兵の、傭兵化であった。

アテネ人クセノフォンが書いた『アナバシス』は、この傭兵化が決定的になる一事件を詳述したことで、歴史的価値を持つのである。

ペロポネソス戦役の末期、かつてはペリクレスが「練達の技能者集団」と呼んだアテネの海軍は、ペルシアの資金力によって、敵のスパルタに海軍を与えるためという理由で、ごっそり引き抜かれたのであった。

これがアテネ敗北の一因になったのだが、あれが成された年から六年も過ぎていない前四〇一年、今度もまたペルシアのカネの力で、ギリシアの重装歩兵がごっそり引き抜かれたことになる。

しかもこの二度とも、スパルタが深く関与していた。ギリシアの市民兵の傭兵化の主犯は、スパルタであったとしてもよいくらいに。

日本語では「重装歩兵」と訳されている「ホプリーテス」とは、市民皆兵で成り立っていたギリシアの都市国家《ポリス》の主戦力であった。

市民は、投票を通して国政に参加する権利を有する。だが同時に、兵士として祖国の防衛に参加する義務を負っていたのだ。

彼らに課されていたこの責務は、自分たちの国の、職場の、家の、家族の、防衛にある。ギリシアの都市国家が、戦争ばかりしていたにせよ国家としてならば健全に機能していた時代、傭兵制度とはペルシアのことで、ギリシアのこととは思われていなかったのである。

今なおマラソン競技に名を遺《のこ》す前四九〇年のマラトンでの会戦。海のサラミス、陸のプラタイアと称され、その双方ともでペルシア軍を大破した前四八〇年とその翌年。そして、アテネとスパルタの間で棲《す》み分けが成り立っていたペリクレス時代を通して、傭兵という言葉すら、ギリシア人の言語にはなかったくらいなのだ。

それが、百年も過ぎないのにこの有様。

ギリシアの市民兵の傭兵化が、都市国家時代のギリシアの終焉につながってしまうのも、最大の要因はこの点にあった。

しかし、それでもなお、ペルシア人が払う傭兵料が高額であったのならば、同情できないこともない。

アテネが覇権国の地位から突き落とされて以後、敗戦国のアテネだけでなく、ギリシア全体の経済力が低下していた。長くつづいた戦役も終わったことで失業者になってしまった元兵士たちには、そうは容易に他の生活手段を見つけることも困難になっていただろう。

ギリシア民族の中でもアテネ人は、経済面での能力でも断じて優れていたので、「デロス同盟」の解体によってそのアテネ人の経済活動が大幅に低下してしまっては、ギリシア全体の経済力も低下するしかなかったからである。出稼ぎに行く理由は、やはりあったのだ。

スパルタの重装歩兵

しかし、出稼ぎならば、母国にいて働くよりも稼ぎは多くなければワリに合わない。ところが、王弟キュロスが払うと保証した傭兵料でさえも、さしたる金額ではなかったのだから、ギリシア人の傭兵化とはなおのこと、歴史上の哀《かな》しい現象になってしまうのである。

雇い主はペルシア人だから、支払いもペルシアの通貨「ダリコス」(daricos)で払われる。第一次ペルシア戦役当時の王であったダリウスが鋳造《ちゅうぞう》し始めたので、この名で呼ばれていた。ギリシアの通貨が「ドラクマ」ならば、ペルシアでは「ダリコス」であったのだ。

この両通貨の交換レートだが、一ダリコスに対して二十ドラクマ、というところであったらしい。

王弟キュロスはギリシアからの傭兵たちに、月にして一ダリコス払う契約をしていた。ドラクマに直せば、二十ドラクマになる。アテネのプロレターリ、つまり労働者階級が一ヵ月に稼ぐ額は、十五ドラクマ前後と言われていた。

だが、キュロスが保証したこの額は、彼が戦いを仕かける相手がペルシアの現王であるとは知らされていなかった時期に、ギリシア兵との間で同意された傭兵料である。

初めからそのことを知っていたのは、スパルタから送られて来ていた総司令官のクレアルコス一人であったという。

戦う相手がペルシアの現王とわかったとき、サルディスに集結していたギリシア人の一部が抜ける。兵士よりも指揮官クラスが抜け、おかげでクレアルコスの指揮下に入る兵士たちが激増したのだが、残ると決めた彼らはキュロスに、傭兵料の値上げを要求したのである。

キュロスも、その要求は認めた。月収は二十から三十ドラクマに値上げしたのだ。額面ならば、国に残って働くよりも、月収は二倍になることになる。

だがこれも、戦闘が終了する前に傭い主のキュロスが戦死してしまったのだから、支払われずに終わった可能性が高い。敵中突破行に入ったギリシア人たちに、クセノフォンを読むかぎり、経済的余裕があったとはとても思えないのだ。

いずれにしても、ペロポネソス戦役の末期に起ったアテネの海軍関係者たちの大量引き抜きの例を思い起しても、ペルシアがギリシア人に払う傭兵料の相場は、月給にして一ダリコス、つまり二十ドラクマ程度ではなかったか。

それでも、国に残って働くよりも、増収にはなった。

それが理由かどうかは明らかではないが、ギリシア人たちは、当初は出稼ぎのつもりであったのが出稼ぎではなくなり、故国にはもどらなくなってくる。ペルシアの地に棲みつき、傭兵を「生業《なりわい》」にして生きていくようになるのである。

これと同じ時期、財政的に苦しいアテネでは、ペリクレス時代に実施されていた船乗りたちへの給料の財源がなく、いまだに造船技術ではギリシア一の水準にありながら、海軍の再興が成らなかった。

スパルタでも、スパルタの誇りであり主戦力でもあった重装歩兵が、止まらない出血に似て、全盛期の十分の一にまで減ってしまうのである。

この五十年後に、マケドニアの若き王アレクサンドロスがペルシアに進攻したとき、最初の会戦で当ったのは、ギリシア人の傭兵が主力の「ペルシア軍」であったのだから。

自分の国の国益を守らねばならないはずの人間が他国の国益を守るようになっては、その行きつく先が、都市国家時代のギリシアの終焉になるのも当然なのである。

それにしても、と素朴な疑問が浮んでくる。

なぜ、大帝国なのにペルシアは、ギリシアから兵士を傭いつづけたのか。国産ではなく、輸入を選びつづけたのか。それもとくに、農民でも数さえ集まれば一応の戦力にはなる軽装歩兵ではなく、重装歩兵をとくに。

スパルタ・ブランド

それまでは陸軍国としてオリエント全域に君臨していたペルシアだったが、第一次ペルシア戦役ではアテネの重装歩兵に、十年後の第二次ではスパルタの重装歩兵に、弁護の余地もない大敗北を喫している。

重装歩兵《ホプリーテス》が代表するギリシアの陸上戦力の、圧倒的な優越が実証されたのだった。ならばなぜ、ペルシアの王たちは自国でも、ギリシア式の重装歩兵を育成しようとはしなかったのか。

資金力に不足はなかった。大国だから、人間も不足していない。「不死身の男たち」と名づけた一万人の常設軍はいたが、あれは王の近衛《このえ》軍団であって、戦闘の行方を左右するまでの力をもつ主戦力ではない。

資金力でも人力でもギリシアの都市国家が遠く及ばないペルシア帝国が、なぜ主戦力となると、ギリシア人に頼るしかなかったのか。

想像するに、第一次と第二次のペルシア戦役で勝ったギリシアの主戦力である重装歩兵は、敗れたペルシア人にとって、「ブランド」になっていたからではないかと思う。ブランド商品ならば、下手にまねするよりも買ったほうが早い。しかも、売り手側のギリシアは分裂していて統一交渉もできないため、買い手相場であったのだ。

それにしても、なぜペルシアでは、「国産」できなかったのか。

最下層の民にまで市民権を与えていたアテネと、一万前後しか市民と見なしていなかったスパルタのちがいは措《お》くとしても、ギリシアの都市国家の中堅市民を網羅する重装歩兵とは、自分たちの国を守るために闘う人であることでは、アテネもスパルタもコリントもテーベも変わらなかった。

一方、ペルシアでは、「不死身の男たち」ですらも、ペルシア王の臣下にすぎない。彼らにとってペルシアは、自分たちの国ではない。ペルシアは、ペルシアの王たちのものなのだ。

この一事のちがいが、ギリシアの都市国家の重装歩兵を、強力な戦力に育てた要因ではなかったか。

市民社会が育たなかったペルシアに、ギリシア式の重装歩兵が育つはずもなかったのだ。

これもあってか、ペロポネソス戦役が終わって以後のギリシアでは、この重装歩兵のペルシアへの流出が、激しくなる一方になっていたのである。

王弟キュロスに肩入れしすぎたという外政上の大失策のツケを、一年も過ぎないうちにスパルタは払わされることになる。

常には温厚なペルシア王も、今度ばかりは怒ったのだ。もちろん、王の怒りが向けられた先はスパルタである。

キュロスの支援に送られたギリシア兵はギリシア全土から集まっていたが、スパルタ主導で成った軍であることは、誰の眼にも明らかだった。王が率いていないのだからスパルタの正規軍ではないという、「エフォロス」たちのへ理屈は通用しなかった。

ペルシア王は、それまでは弟のキュロスにまかせてきた小アジア西方一帯のペルシア帝国への併合に、本腰を入れて乗り出すと決める。そのための前線基地は、これまでと同様にサルディス。メソポタミア地方にある首都のスーザから小アジア西部の都市サルディスまでは、軍勢の移動にも必要物資の運搬にも好適な、ペルシア王国では唯一本格的な舗装道路である、「王道」によって結ばれていた。

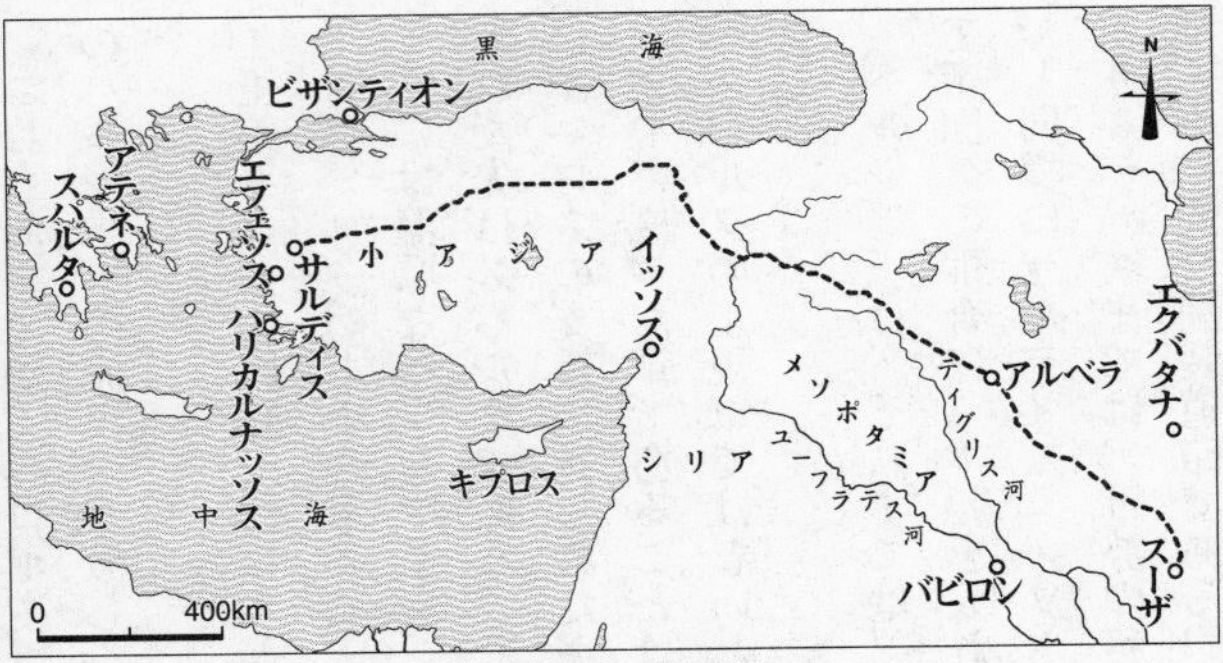

ペルシアの「王道」

この対スパルタ戦争の責任者には、それまでの長年にわたってこの地方の長官の地位にあったティッサフェルネスを任命する。ペロポネソス戦役の末期、スパルタにとってはペルシア側からの資金配達係であったこの人が、今度はスパルタと闘う立場になったのだ。

こうなってしまっては、スパルタも起《た》つしかなかった。

ペロポネソス戦役に勝ったことでこの一帯の覇権をアテネからもぎ取ったスパルタには、覇権下に入った都市国家《ポリス》とそれに近接する島々、いずれも住民はギリシア人というこの一帯が、ペルシアの領土に組み入れられるのを阻止する義務があったからである。

だが、例によって対外政策となると、長期を視野に入れての戦略を立てるのが不得手ときているスパルタだ。

このときも、本格的な軍事力の投入なしに逃げきろうと考える。敵中突破六千キロを成し遂げたアテネ人のクセノフォンが、率いてきた生き残りの兵士たちをスパルタ側に引き渡したが、その全員もペルシアの攻勢を受けて起たざるをえなくなった、スパルタ軍に編入されていた。


それでも、ペルシア王の怒りを浴びることになったスパルタは、戦場になった小アジア西部で、苦戦に次ぐ苦戦を強いられることになる。

そうなってしまった要因だが、次の三つがあげられるだろう。

まず、一年で五人の全員が入れ代わる「エフォロス」には、決断を下す勇気がない。というより、「エフォロス」制度自体が、リスクを一身に負って決断を下せるようにできていない。

第二の要因は、この時期のスパルタでは武名ナンバーワンであったリサンドロスに、継続して戦果をあげる力まではなかったことである。

農奴《ヘロット》出身のたたき上げ、というのは、この時期にはもはやデメリットではなかった。ずる賢く立ちまわっては好機をモノにする能力では優れていたこの人物だが、部下の兵士たちからの人望はあまりなかったのだ。部下とは、敬意を感じない上司には、その人の命じたことの成果が出ている間は従《つ》いていくが、出ないとなるや離れてしまうものだからである。

結局、四十代半ばという活躍期にあったにかかわらず、エーゲ海の東方が再び、リサンドロスの活躍の舞台になることはなかった。

そして、要因の最後。この時期はまだ王位にあったパウサニアスと「エフォロス」間の意見の対立が、スパルタの対外政策の一本化にとっての障害になっていたこと。

こうして、何一つ解決できないままに、いたずらに血を流すだけの五年が過ぎていったのである。

紀元前三九六年、ついにスパルタは決断した。エーゲ海の東岸一帯に住むギリシア人を守るという大義名分の下に、王が率いるスパルタの正規軍を送ると決めたのである。

率いることになったのは、脚が不自由なだけでなく年齢も四十代の後半に入っていたアゲシラオス。

もう一人の王であるパウサニアスには、年齢ならば若くてもこの大任はまかせられなかった。「エフォロス」との意見の対立を隠そうともしないこの人に、軍事力を持たせるのは危険、とわかる程度には、「エフォロス」たちの頭も働いていたのである。しかし、小アジアに渡った王アゲシラオスの戦果は、スパルタの正規軍を率いていながら、満足いくとはとても言えない状態で進んだ。

個人的に親しい仲になっていたらしいクセノフォンの彼に対する評価は上々なのだが、多分このスパルタ王は、人間としては開放的な性格の持主であったのだろう。スパルタの王でありながら、当時は文名すらもなかった、若いアテネ人のクセノフォンと親しい仲になるくらいだから。

だが、アゲシラオスが四十年にわたって王でありつづけられたのも、常に「エフォロス」とは良好な関係にあるよう努めてきたからである。また、彼の戦績が示すように、軍事面での才能に、特別に優れていたわけでもなかった。

それでも、王が直々に率いるスパルタの正規軍としては、ギリシア本土の外への最初の遠征になる。

ペルシア軍をサルディスまで追いつめ、このペルシアの前線基地の郊外で行われた戦闘では、ティッサフェルネス率いるペルシア軍に勝つ。

これにはまたも、ペルシア王は怒った。

ペロポネソス戦役の末期、資金力を使ってギリシア側を手玉に取り、王弟キュロスの件では、奸計を用いてクレアルコスとその副官たちを騙し討ちにしたこのティッサフェルネスの生涯も、五十歳にして、王から届いた厳命によって首を斬《き》られて終わったのである。

しかし、アゲシラオスも、二年も過ぎないうちにギリシアに呼びもどされる。ギリシア本土で、打倒スパルタを旗印にかかげた都市国家《ポリス》連合が結成されたからである。

だがこれも、ペルシア王が伸ばしてきた「長い手」による成果であった。

自国が危険にさらされては帰国するしかないと踏んだ、ペルシア王にしてみれば妥当な判断による。そしてこのときも、ペルシア王からギリシアの各ポリスに、資金が流れていたのだった。

こうして、ペロポネソス戦役でアテネを降《くだ》して以後唯一の覇権国家になっていたスパルタは、十年後に早くも、エーゲ海をはさんだ西と東での二面作戦を強いられていたことになる。

しかも、エーゲ海の制海権すらもペルシアに奪われたのだから、覇権国などとは言ってはいられない情況だった。

王アゲシラオスがギリシア本土にもどったと同じ年、小アジアの防衛に残してきたスパルタ海軍がペルシア海軍に敗れたのである。

スパルタ海軍と言っても船乗りたちはアテネ人、またそれと闘ったペルシア海軍も、艦長以下はアテネ人に占められていたのだから、ギリシア人は陸海ともにペルシアの傭兵になる一方であったのだ。

この敗戦の報を、スパルタ側は公表させなかった。反スパルタで起《た》った、ギリシアの各ポリスを勇気づけるのを心配したからだ。自由に行き来できなくなったエーゲ海をはさんでの二面作戦の困難さは、王アゲシラオスにも五人の「エフォロス」にもわかっていたのだろう。

ちなみに、この年にはパウサニアスは、もはやスパルタの王ではない。すでに述べたように、「エフォロス」との対立がついに火を噴いて告発され、隣国に逃げていたからである。常に二人と決まっている王のもう一人には、パウサニアスの、まだ二十代と若い息子が就いていた。

だが、状況がこうでは当然だが、スパルタの内外ともの政策を決めていくのは、相も変わらず、五人の「エフォロス」と、この彼らには逆らわなかった王のアゲシラオスになるのである。

しかし、スパルタは、小アジアでのペルシア軍との戦争状態と、本土ギリシアでのテーベやコリントやアテネとの戦争状態に、耐えきることはやはりできなかった。八年もつづいた泥沼状態から脱け出さなければ、スパルタ自身の存続さえ危うくなっていたのである。

紀元前三八六年、ペルシアとスパルタの間で、「王による平和」と呼ばれた講和が成立する。その内実だが、「ペルシア王による」という意味のこの名称が、すべてを語っていた。

ギリシアをペルシアに売り渡す

ペルシア王は、ギリシア本土でのスパルタの覇権を認める。つまり、エーゲ海の西に位置するギリシア本土には、以後ペルシアは手を出さない、ということだ。

代わりにスパルタは、エーゲ海の波が打ち寄せる小アジア西岸一帯と、それに近接する島々への領有権がペルシア王に帰すことを、公式に認めたのであった。

古代では「イオニア地方」の総称で呼ばれることが多かった小アジアの西岸部とそれに近接する島々だが、この地方はギリシアの文明文化の発生の地だった一帯でもある。アテネに移って全面開花する以前、すべてはこの地方で生れたのだ。

哲学の父ターレス――ミレトス
数学の父ピタゴラス――サモス島
医学の父ヒポクラテス――コス島
歴史の父ヘロドトス――ハリカルナッソス

しかもその後も変わらず、住民はギリシア人でつづいてきたのだった。

だからこそ、この地方を手中にしようと大軍を派遣してきたペルシア王に対して、ギリシア人の全員が起ち上ったのだ。

紀元前四九〇年の「第一次」、四八〇年と四七九年の「第二次」と、二度にわたって闘われた「ペルシア戦役」は、ギリシア本土だけでなく、エーゲ海をへだてたイオニア地方のギリシア人までも守るための戦争であった。

この目的があったから、サラミスの海戦で大勝した後ただちに、海軍を送ってエーゲ海からのペルシア勢一掃を成し遂げたのだ。本土のギリシア人にとって、エーゲ海の向うも同じギリシア世界なのである。

それが、百年も過ぎないうちに、正確に言えば九十三年後に、ペルシア王に売り渡されたのだ。ペルシア側にしてみれば、九十三年後にようやく、長年にわたった執念を果したことになった。

この年以降、ギリシア人の歴史に偉大な足跡を遺した「イオニア地方」は、五十年後にアレクサンドロスが取り返しに来るまで、ペルシア帝国に組み入れられたままで過ぎるのである。

この時期のギリシア人には、ペルシアとスパルタの間に結ばれた「王による平和」と聞いても、ここまでの感慨はもたなかったかもしれない。

しかし、この時期を曲がり角に、スパルタに対する他のギリシア人の感情が変わったのはたしかだった。

あのスパルタに頭を下げるだって？　ＮＯ、断じてＮＯ、という感じで。

これ以後スパルタの権威が完全に地に陥《お》ちてしまうまでには、まだ十五年の歳月を要す。

だがそれは、スパルタが他を圧して、軍事的に強かったからではない。コリント、テーベ、アテネというギリシアの都市国家の中の強国の歩調が、対スパルタで一致しなかったからである。共同してスパルタに当ったかと思えば、その翌年にはこの一つがスパルタと組んで他のポリスと戦争する、という状態をくり返してきたのだから。

イオニア地方とその周辺

前四〇四年から三七一年までの三十三年間は、歴史学上では「スパルタの覇権時代」と呼ばれている。だがそれも、学者たちの皮肉をこめた反語、と受けとったほうが、真実を映していると思えてくるほどだ。「イオニア地方」を売り渡してまで得たペルシア王からの「保証」が空文であるのにスパルタが気づくまでに、さしたる時間は要さなかったということである。

とはいえ、括弧付きにしろスパルタの覇権時代が、その後も十五年もつづいたのは、それに取って代わるポリスが他になかったからであった。

コリントには、あいも変わらず、自らリスクを負って先頭に立つ気概がなかった。アテネは、経済面ならば相当な程度に復興していた。また海運力でも以前の状態に迫る程度にはもどっていたのだが、それも「海運」で留まり、「海軍」にはなれなかった。

海運ならば、帆船で間に合う。ゆえに船乗りも少なくて済む。だが、海軍となると、風に左右されないガレー船、しかも三段層ガレー船が不可欠になる。この型の船が必要とする多数の船乗りを確保する力は、精神面でも経済面でも、この時代のアテネにはもはやなかったのである。

それでも、さすがはアテネ。文化面では、かつてペリクレスが言ったように、「ギリシアの学校」でありつづけるのだ。

アテネの敗北で終わったペロポネソス戦役の後に生れた彫像作家のプラクシテレスだが、政治でも軍事でも低迷をつづけるだけのアテネに住みながら、フィディアス、ミロンとつづいてきた古典期の造型芸術の最終走者として、その才能を全開させていた。

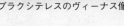

そして、イオニア地方がスパルタからペルシアに売り渡された年の前年の紀元前三八七年、アテネではプラトンが、「アカデミア」を開校する。

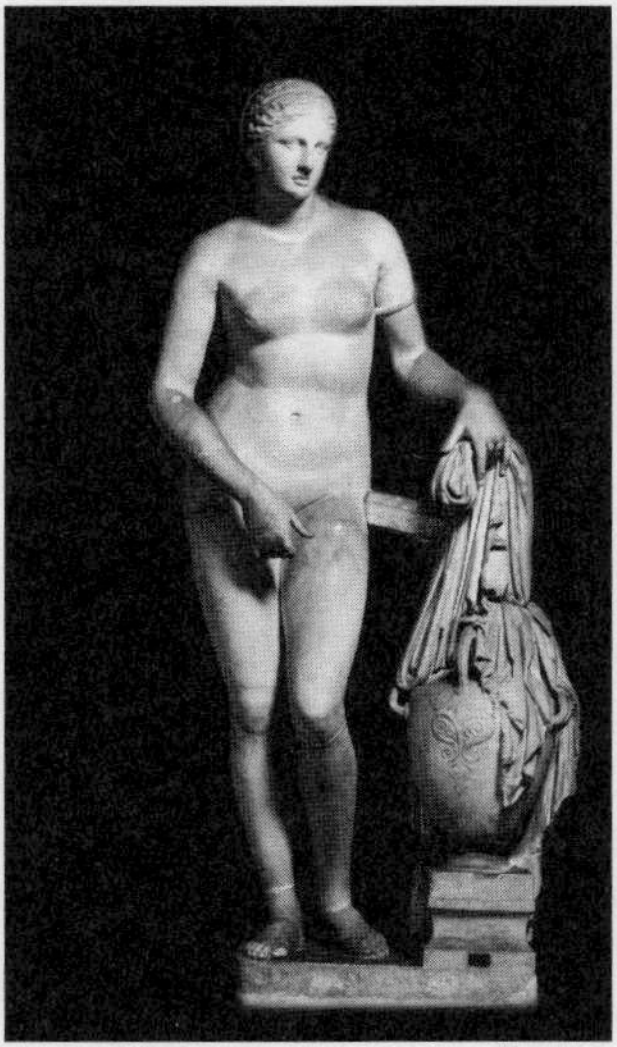

プラクシテレスのヴィーナス像

室内で教えるのではなく、アテネの郊外の樹々《きぎ》に囲まれた中をそぞろ歩きしながら教えるので、「逍遥《しょうよう》学派」とも呼ばれるのだが、この学校にはギリシア

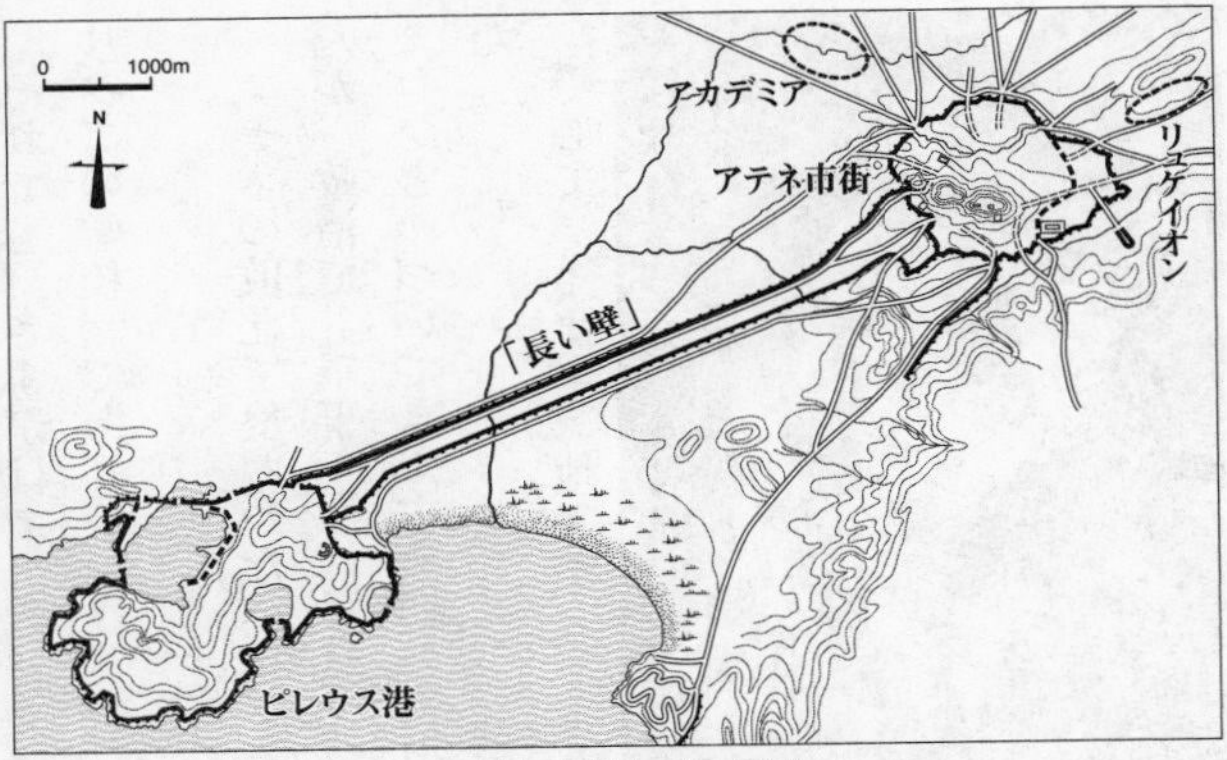

アテネ市街とその周辺

中から学生が集まるようになり、その一人が、マケドニアから留学してきたアリストテレスであった。

「プラトン・アカデミー」で二十年間も学んだというアリストテレスだが、その彼も後年になって、アテネの郊外の地リュケイオンに学校を開設する。

リュケイオンとは、かつてソクラテスが日参していたという若者たちのための体技訓練場《ギムナジウム》のあった地名で、アリストテレス開設になる学校もそれで「リュケイオン」と呼ばれるようになる。「アカデミア」に進む前の教育を与えるのが、この学校の目的であった。

それゆえか、「リュケイオン」は現代に至

るまで、その名をフランス式に発音した「リセ」、イタリア語になって「リチェオ」、としてつづいている。大学での専門課程に進む前に教養科目全般を教える、五年制の高等学校として。

われわれは、哲学・数学・医学・歴史・建築・造形美術に留まらず、民主政《デモクラツィア》から教育制度に至るまで、古代のギリシア人に負っているのである。

これが、ペルシアの資金力にほんろうされはしても、本来のギリシア人の姿なのであった。

彼らがまだ生きていたこの時期、「王による平和」まで結んで自国の利益を優先したスパルタのやり方が、他のギリシア人に絶望に似た感慨をもたらしたとて当然であったのだ。

覇権国でありつづけるには、覇権下にある国々が、その状態でも納得する何らかの理由がなければならない。また、単純にしても、魅力もなければならない。

ペロポネソス戦役で勝者になって以後のスパルタには、リサンドロスの強圧的で汚いやり方もあって、莫大《ばくだい》な額のカネが流れこんでいた。

もしも、それでアテネから芸術家や職人を呼び寄せ、パルテノンをしのぐ壮麗な神殿を建てていたらと思うが、そのようなことは起らなかった。スパルタの質実剛健主義に反するとして、リクルゴス憲法の番人を自負する「エフォロス」が、許さなかったにちがいない。

ならば、彼らの得意技《わざ》を活《い》かしてスパルタにも「ウェストポイント」式の上級軍人養成所を開設し、ギリシア中の若者たちにも開放していたらよかったのに、と思うが、それもスパルタでは、誰一人考えなかった。

とはいえ、もしも実現していたとしても、冬でもテント式の宿舎に住み、眠るのもわらの上、食べるのは世界一不味《まず》いという評価では定着している肉のごった煮という生活に、ギリシアの他のポリスから来た若者たちが耐えられたであろうか。

結局、アテネの覇権下にあった「デロス同盟」の加盟諸国から取り上げた莫大なカネは、デルフォイにあるアポロン神殿に、〝預金〟されたままで終わるのである。

一言で言ってしまえば、スパルタには、他国の人々までも引きつけずにはおかない魅力がなかったのだ。軍事力以外は、何も創造しなかったからである。

後年、帝国を創《つく》り出してギリシアもその中に組み入れることになるローマ人は、アテネとスパルタにだけは特別待遇を与える。かつての業績への敬意の表われとして、戦争をする自由以外のすべての自由は認めた、「自由都市」の待遇を与えたのだ。また、それだけでなく経済援助も与え、この二つの都市の振興にも力をつくした。しかし、このローマ人のやり方が効果があったのは、アテネに対してだけであった。振興しようにもスパルタには、何一つ遺っていなかったからである。

二千四百年以上も過ぎた今でも、アテネに行けば見るものは山ほどある。

だが、スパルタにはない。文字どおり、何も無い。

ペルシアの大軍相手にテルモピュレーで玉砕したレオニダス。プラタイアの平原で、そのペルシア軍を完膚なきまでに破ったパウサニアス。そして、アテネ側のペリクレスと協力して三十年もの間、スパルタが戦場に出ないで済んだ時代の立役者アルキダモス。

スパルタを訪れて感ずるのは、かつてはここをあの男たちが歩いていたのだ、という感慨だけである。彼らの像も一つとしてなく、第一巻でも第二巻でも、アテネ側の人物の顔は紹介できても、スパルタの男たちの顔はできなかったのだった。

このスパルタが、ギリシアの文明文化の発生の地であるエーゲ海の東岸一帯をペルシア王に簡単に譲り渡せたのも、そのようなことに対する関心がもともとからしてなかったからだ、と思えてくる。

ところが、紀元前三七一年になるや、スパルタが誇れた唯一のこと、つまりスパルタの軍事力、までが危うくなるのである。

ギリシアの都市国家がいずれも迷走をつづける中で唯一頭角を現わしてきたテーベが、ペルシア王も認めたギリシア本土でのスパルタの覇権に、正面から挑戦してきたからであった。

第三章　テーベの限界

ペロポネソス戦役の当初からだから六十年になるが、アテネの北方七十キロに位置するテーベは、スパルタが盟主の「ペロポネソス同盟」の一員としてつづいてきた都市国家《ポリス》である。本来ならば、そのスパルタに刃向うなど、あってはならないことであった。

そのテーベが正面切って挑戦してきたのだから、スパルタの覇権も、括弧つきの度を増す一方になっていたのである。

そして、この時期のテーベには二人の男がいた。

テーベの二人

一人は、ペロピダス (Pelopidas)。テーベの名門に生れ、先祖から受け継いだ広大な農園で育つ。前四二〇年の生れというから、ペロポネソス戦役終了の年には十六歳になっていた。

ということは、戦役の勝者で唯一《ゆいいつ》の覇権国になったスパルタが強制する「寡頭政《オリガルキア》」下で、多感な青年時代を送ったということになる。

戦役終了後にスパルタ内で勃発《ぼっぱつ》した、王のパウサニアスと五人の「エフォロス」の対立の真因は次のことにあった。

覇権下に入った各都市国家には自国の政体を選択する自由を与えようと主張するパウサニアスと、スパルタの覇権下に入った以上は各ポリスとも、スパルタ式の寡頭政体《オリガルキア》に移行すべきとする「エフォロス」の意見のちがいにあったのだ。

だが、前三九五年、国家反逆罪に問われたパウサニアスは隣国に亡命する。この年以降、スパルタの対外政策は、「エフォロス」と、それに同調するもう一人の王アゲシラオスの路線に一本化された。

つまり、率先して寡頭政《オリガルキア》を採用するポリスはそれで良し。だが、抵抗するようならば、スパルタ軍を駐屯させ、その監視下で寡頭政の政府を確立させる、と。テーベにも、〝進駐軍〟の基地が置かれていた。

ペロピダスも、占める社会的地位からも資産力からも、少数指導政体である寡頭政のほうに親近感をもったとて当然である。だが彼は、農園経営者でもあった。広大な農園を運営していくには、多くの人間を必要とする。奴隷《どれい》までふくめたその人間集団を使いこなすには、つまり存分に働いてもらうには、その一人一人に適した配慮が求められた。

有能な農園経営者でもあったと言われるペロピダスは、こうして、現実的な理由で民主派になっていたのである。また、駐屯基地を常設して居坐《いすわ》ったままのスパルタへの敵愾心《てきがいしん》から、反スパルタ派にもなっていた。

この男よりは二歳年下のエパミノンダス（Epaminondas）だが、名門の生れでは同じでも大農園主の家には生れていない。経済的には、アッパー・ミドルというところか。その代わり、父の配慮で、教育には恵まれた。ピタゴラス学派に傾倒していた、哲学青年であったのだ。

また、プラトンに見られるように当時の哲学者には相当に高い割合でアンチ民主政が多かったこともあって、青年時代の彼も、心情的には寡頭派《オリガルキア》であったようである。

育った環境はちがっても、少年の頃から二人とも、身体能力と武術の向上には熱心だった。

テーベもまた、ギリシアの都市国家である。だから、成年に達するや、祖国防衛の義務が待っている。つまり戦場に向うことで、武術の鍛錬を怠ったために戦闘が始まったとたんに戦死してしまうなど、誰も望んではいなかった。

それに、指揮官になろうものなら、武術の鍛錬度がさらに活《い》きてくる。自分に出来なくて、配下の兵士たちにやれと命ずることはできない。

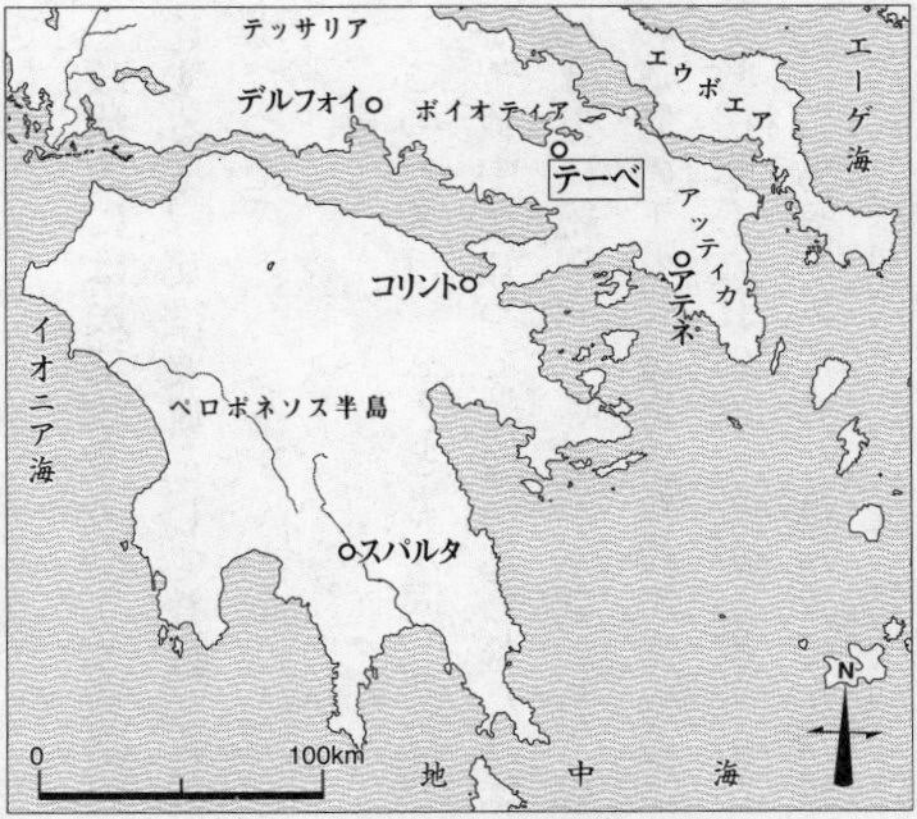

テーベとその周辺

古代の名将は、ほとんど一人の例外もなく、一介の兵士よりは武術に長《た》けた男たちだった。また兵士たちも、自分より優れていると思わなければ、従《つ》いていかない存在である。
政治的には民主政であろうと寡頭政であろうと、ギリシアの都市国家では二十歳に達するや、兵役要員として登録される。「テーベの二人」が初めて出会ったのも、戦場だった。

このときは、二人ともが同じ部隊で闘っていたのではない。ペロピダス指揮の部隊が苦戦中と知って救援に送られた部隊にいたのがエパミノンダスだったのだが、戦況は味方に絶望的。隊長のペロピダスも重傷を負って、すでに戦死した配下の兵士たちの遺骸《いがい》の下で、彼もまた死んでいるように見えた。
救援隊もこれには、足が一歩も出なくなる。自軍の優勢で勢いづいている敵の中に突っこもうものなら、彼らまでが全滅しかねなかった。

しかし、エパミノンダスはちがった。ほとんど一人で槍《やり》を手に、敵中に突っこんでいったのである。胸甲に、敵の槍が刺さった。左腕も、敵兵の剣によって傷を負っていた。それでも、倒れたままで動かないペロピダスには、一歩一歩と近づいていたのである。

獅子《しし》奮迅《ふんじん》としか言いようのないテーベの若者の闘いぶりに、スパルタの王も救いの手を出す。そのときは、テーベはスパルタ側で闘っていたのである。

二人とも、重傷を負ってはいたが助かった。そしてこのときが、三十五歳のペロピダスと三十三歳のエパミノンダスの、友情の始まりになる。この二人の男の間に生れた友情は、一方が死ぬまでの二十一年間、いや、一人が死んだ後ももう一人はまるで友がまだ生きているかのように振舞ったから、その一人も死ぬまでの二十三年間、一度も切れることなくつづくのである。

戦場の外では、この二人の性格は正反対であったという。情熱的で行動的なペロピダスと、静かな思索を好むエパミノンダスというように。

二人を結んでいたのは、祖国テーベへの強い愛と、何かというと覇権国であることを振りかざすスパルタへの、軽蔑《けいべつ》と憎悪《ぞうお》であった。その前には二人とも、民主政や寡頭政のちがいは問題にしてもいなかった。

しかし、二人が三十八歳と三十六歳になった前三八二年、ペロピダスが国外に亡命せざるをえなくなる。テーベの政府を手中にしていた寡頭派から、危険分子と見られたのだ。国外への亡命は、三年に及んだ。

この三年の間に、クーデター計画は練られたのである。前三七九年から七八年へと年が代わる真冬、ペロピダスはわずか十一人の同志を率いただけで、狩人に変装してテーベに潜入する。市内ではエパミノンダスが、これも同志たちと待ち受けていた。

計画全般が、完璧《かんぺき》に出来ていたのだろう。クーデターは、見事なまでに成功する。ほとんど血を流すこともなく、現政府であった寡頭派の人々は国外に逃れて行った。

こうして、ギリシア中央部のボイオティア地方では有力都市国家であったテーベは、二人三脚と言ってもよいペロピダスとエパミノンダスという、二人のリーダーの下で一体化する。政体としては、寡頭政でありながら民主政でもあるという、これら一つの政体の信仰者にとっては、不満のある形ではあったにしても。

重要なことは、この二人の下《もと》で、テーベの政局が安定したことである。ペロピダスは十五年間にわたって常に第一人者の地位を占めていたし、その後の二年もエパミノンダスの下での安定は崩れなかった。

政治の安定は、エネルギーの無用な消費を阻止してくれる。アテネやスパルタに比べれば中企業でしかないテーベにとっての武器は、持てる力を徹底して活かすこと、でしかなかったのだから。

目標はただ一つ、打倒スパルタ、であった。そしてそれは、軍事力しか持たないスパルタが相手である以上、戦場で彼らに勝つ、ことでしかなかった。

この目標の実現のために、「テーベの二人」は、軍制改革まで成し遂げる。少ない兵力でもどう使えば、最大の効果が得られるかが鍵《かぎ》になるのだから、軍制の改革も当然だった。

この二人の考えた戦略と戦術は、一言で言えば次のようになる。後年、マケドニアの父と子が参考にすることになるものだが、歩兵と騎兵の双方を有機的に活用すること。

そしてもう一つ、特殊部隊の創設がある。三百の精鋭で編成されたこの部隊は、三百人でしかないにかかわらず、「神聖大隊」と名づけられた。

生れ変わったテーベ軍の実力を試す機会は、それから三年後に訪れる。敵に不足はなかった。スパルタが相手であったのだから。

これが、あっさりと勝ってしまったのだ。しかし、相手も本腰を入れて出てきたわけではない。前三七五年の勝利は、やはり試験でしかなかった。

決定が常に遅いスパルタも、このテーベの動きはさすがに気にし始める。積極的なテーベにストップをかけようと、ペルシア王に頼みこんで、ギリシアの平和を討議する会議を開いてもらうまでになったのだから。

ペルシア王も、十年前にスパルタとの間に「王による平和」と呼ばれた協定を結び、小アジア西岸部一帯をスパルタがペルシア王の領土と認める代わりに、王はギリシア本土でのスパルタの覇権を認めた以上、断わる理由もなかった。というより、ペルシア王も、ことあるたびに自分に仲裁を頼んでくるギリシアの都市国家に対して、優越心さえ抱いていたのである。

しかし、ペルシアの首都スーザで行われた外交面での試みは、ことごとく失敗に終わった。

第一に、エーゲ海の波が洗う一帯の領有が保証されればギリシア本土はスパルタに譲るとしたペルシアは、ギリシア本土にある各都市国家にとっては、もはや危険な存在ではなくなっていたこと。

第二は、スパルタの軍事力の衰えを感じ取ったギリシア本土の都市国家にとって、スパルタとてもはや、怖《おそ》ろしい存在ではなくなりつつあったこと。

最後は、テーベが、ボイオティア地方の放棄を求めるスパルタに、断固として従わなかったこと、である。

戦火が火を噴くのは、もはや時間の問題であった。

打倒スパルタ

先に一歩を踏み出したのは、スパルタのほうである。

スパルタの内外ともの政治を牛耳っているその年担当の五人の「エフォロス」は、王のクレオンブロートスに、ボイオティア地方への進攻を命じたからであった。

亡命した父のパウサニアスに代わって王位に就いていたクレオンブロートスは、まだ三十歳と若く、戦果のほうもさしてなかったのだが、もう一人の王であるアゲシラオスはすでに七十歳。しかもこの時期は、病の床にあった。

しかし、王が率いる以上は、れっきとしたスパルタの正規軍である。ゆえに、ペロポネソス戦役当時と同じく、ペロポネソス同盟に加盟している諸国からの兵士たちも参戦する。

スパルタ軍と言うより、スパルタ主導のペロポネソス同盟軍。

これを迎え撃つテーベ側も、同盟を組んで対す。こちらは、テーベ主導のボイオティア連合軍。

ギリシアの都市国家はいずれも規模が小さいので、会戦ともなると同盟を組んで臨むのが通例になっていた。

ペロポネソス戦役も、アテネ主導のデロス同盟軍と、スパルタ主導のペロポネソス同盟軍の戦争であったのだから。

テーベ目指して北上して来たスパルタ主導のペロポネソス同盟軍は、総数にして一万。

その中で、スパルタの主戦力であり長年にわたってスパルタの誇りでもあった重装歩兵《ホプリーテス》は、七百でしかなかった。

「七百」という数を知ったときは、愕然《がくぜん》とした。
百年昔の紀元前四七九年、プラタイアの平原でペルシアの大軍を迎え撃ったスパルタは、一万の主戦力すべてを投入して勝利をもぎ取ったのである。
それが、百年後とはいえ七百。百年間で、こうも激減するはずはない。その間に、子供が生れるという、自然増だってあったはずなのだから。

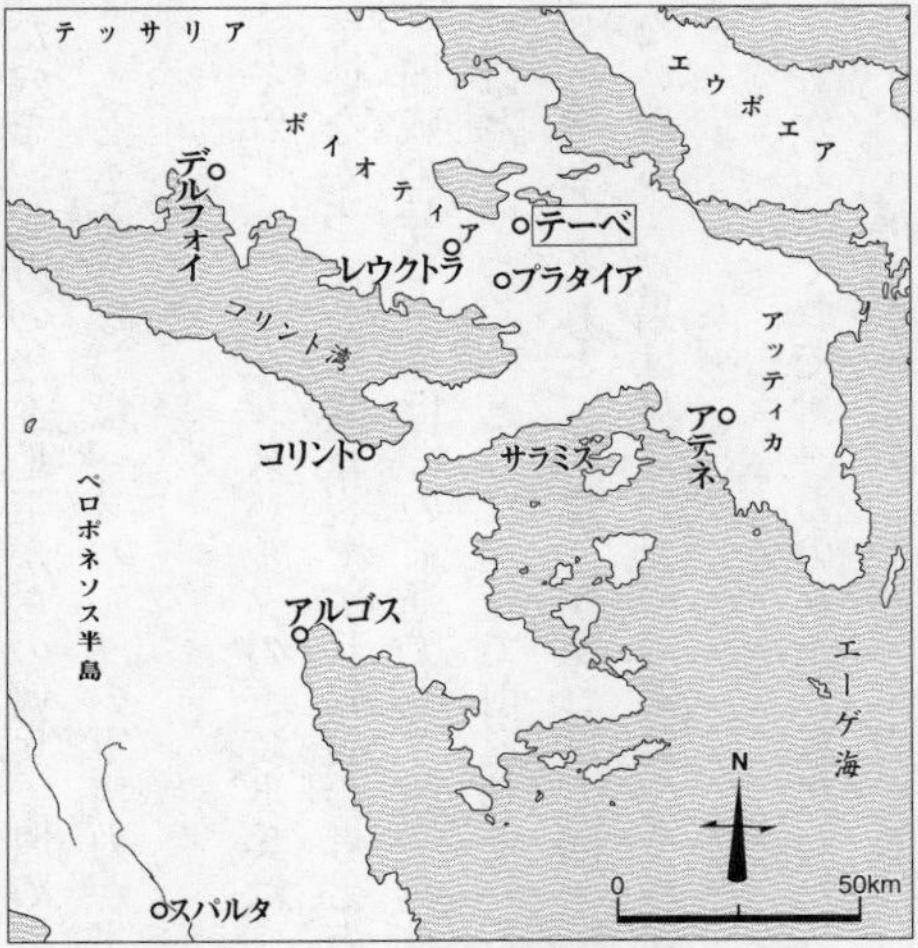

テーベとその周辺

ゆえにこの惨状も、ペルシアの要望に応じての傭兵《ようへい》の輸出を、放置してきた結果である。

また、史家たちも書いてくれないのでどれくらいの数であったのかはわからないが、王が率いるスパルタの主戦力の中にさえ、傭兵が加わるように変わっていたのである。

とすると、スパルタ社会のエリートである重装歩兵が他国に出て行った穴を、北方の後進地帯からの傭兵で埋めていたということか。

もしもそうならば、スパルタの軍事力が劣化していたのも当然であった。

それでいながら、スパルタの重装歩兵は、陣型でも闘い方でも、全盛期から変わっていなかった。歩兵重視で騎兵軽視の考え方は、少しも変わっていなかったのである。開戦の号令を受けての前進でも、速攻の対極。遅攻という言葉があれば使いたくなるほど、ゆっくりとした速度で前進してくる。

ただし、それとて「量」があれば、向って来られる側は圧迫感を感じないではすまないから、効果は見込めたのである。それが、七百では……。

しかし、それでも一万の兵士が参集したスパルタ主導のペロポネソス連合軍に対し、テーベ主導のボイオティア連合軍の総数は、六千でしかなかった。

テーベ自体からして中程度の規模の都市国家であり、また、長年にわたって存続してきた「ペロポネソス同盟」の結束までは、「ボイオティア同盟」にはなかった。

ただし、騎兵戦力ならば、テーベ側が優勢であったと、史家たちは伝えている。ス
ならば、このことこそが、「テーベの二人」が成し遂げた改革の成果であった。

パルタに勝つには、騎兵と歩兵の連携による「速攻」しかない、と。

「テーベの二人」は、戦場でも役割りを分担していた。

総合的な戦略を考えるのは、つまり全軍の総司令官は、エパミノンダス。三百で成る機動部隊の先頭に立って突撃していくのは、つまりは戦線全体を引っ張っていく役は、ペロピダス。

こうして、かつてはピタゴラスに心酔していた元哲学青年は、誰一人考えもしなかった新しい戦略・戦術を考え出していくのである。元哲学青年も、四十七歳になっていた。

紀元前三七一年の夏、北上してきたスパルタ主導のペロポネソス連合軍は、ボイオティア地方でも南にある小さな町レウクトラの郊外に到着した。

そこを、戦場にすると決めたからである。一キロ四方のこの平原が、自軍の一万の活用に適していると考えたからだ。平原の西の端には小高い丘があり、そこに宿営地を築く。

だから、戦場はスパルタ側が選んだのである。とはいえ、ホームで闘うテーベ側には、土地カンがあった。

レウクトラ（Leuktra）は川ぞいに生れた町である。ギリシアの夏に、水のないところでは戦闘はできない。またギリシアでは、幅が狭くて流れもゆるやかな川があって、しかもその周辺には適度な広さの平原が広がるという地勢は少なかった。スパルタがレウクトラの郊外を戦場と決めたと知っても、テーベでは意外にも思わなかったろう。

そこからは北東に十五キロしか離れていないテーベから、テーベ主導のボイオティア同盟軍も、ペロピダスを先頭に戦場入りする。

彼らも宿営地は築くが、それとて平野の中のにわか仕立て。「テーベの二人」の考えが、文字どおりの背水の陣、にあったからだった。

平原の中央に布陣したスパルタ側は、遠望しただけでも、典型的なスパルタ軍の陣型であるのは見てとれた。

全軍の総司令官でもあるスパルタ王は、自国の精鋭である重装歩兵に囲まれて右翼に陣取る。王が常に右翼を率いるのは、これまたギリシア軍の伝統でもあった。

また、この右翼に布陣する、盾と長槍の立派さが目立つ重装歩兵は、これもスパルタ軍の伝統に忠実に、横に二百人、縦に十二列という、横長の陣型になっている。この密集隊形こそがスパルタ軍の強さの原動力とされ、それを他のポリスも疑わないできたのである。

しかし、この「レウクトラの会戦」では、右翼でさえも昔のように、生粋のスパルタ兵で占められてはいなかった。

十二列のうちの三列だけが、かつては泣く子も黙ると言われたスパルタの戦士たちで、それ以外は同盟国からの参加兵で占められていたからである。

そして、この右翼から左に向って、中央の二個大隊、左翼の一個大隊とつづく。もちろん、中央も左翼も、同盟各国からの兵士たち。騎兵は、右翼左翼とも、その外側に配置されていたようである。

一方、テーベ側の布陣だが、ギリシア人の常識を完全に破るものになった。研究者たちは、「傾斜型の布陣」と名づけている。

まず、敵の主戦力とぶつかること必至の左翼だが、全員がテーベ人の重装歩兵。三千にはなっていた、と言われている。

それをエパミノンダスは、横に六十人、縦に五十列にもなる、縦長の一大陣型に編成していた。

そのうえ、兜《かぶと》・胸甲・長槍・剣・盾という重装備の兵士たちに、常の二倍の速度での前進まで命じていたのだ。

古代のギリシアの男たちの体軀《たいく》は頑健にできていたが、真夏の草原での早足は、重労働以外の何ものでもない。

しかし、これら通常の重装歩兵が耐えねばならなかった労苦も、ペロピダス率いる「神聖大隊」の三百人に比べれば、人間的でさえあった。

三百人の特別機動集団は、重装備では他と変わらないのに、前進速度ではさらに二倍の速さを要求されていたからである。

スパルタ側よりも数では優勢だったと言われる騎兵は、この機動部隊のさらに左側に配置されていた。

この左翼集団から右方に向って、中央の二個大隊、右翼の一個大隊とつづく。ここに配置された兵士たちは、テーベにとっては同盟ポリスであるボイオティア地方から

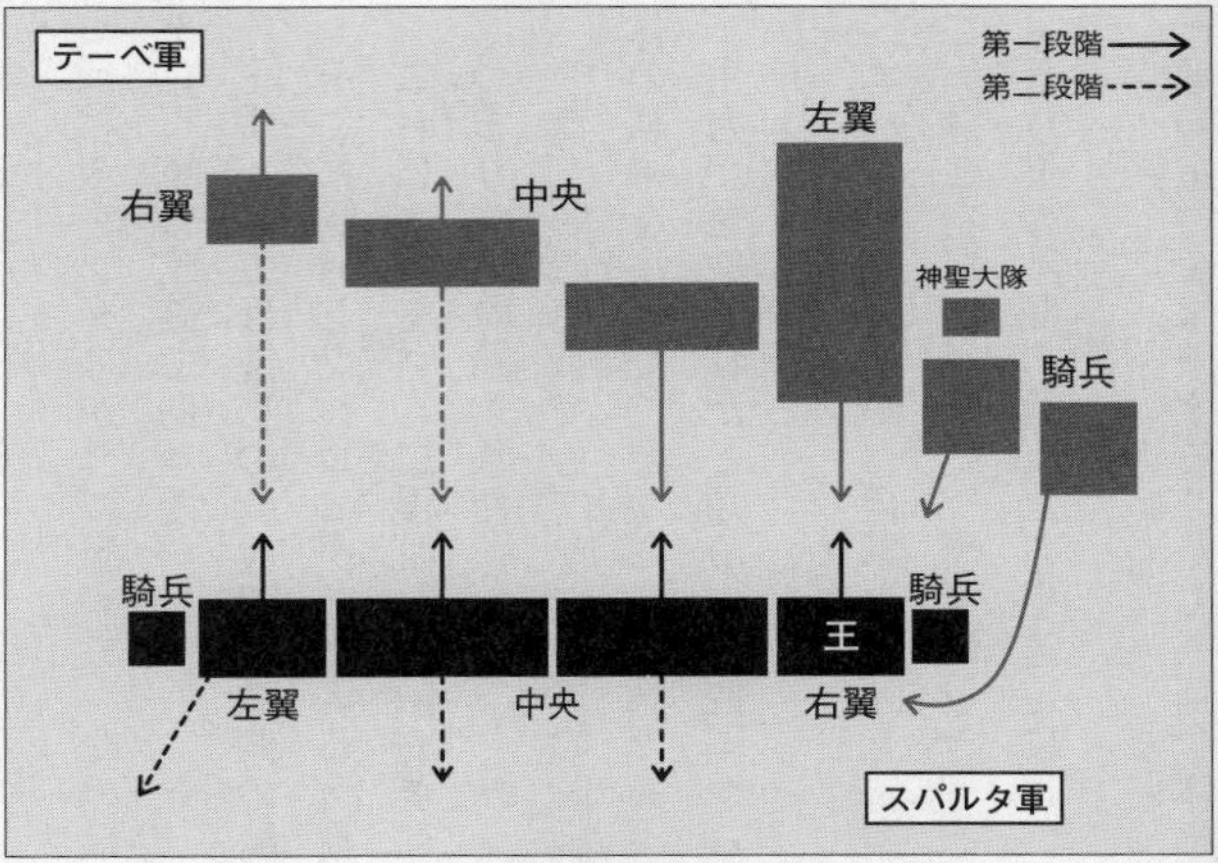

レウクトラの会戦

の、兵士たちで占められていた。

ただし、エパミノンダスによる布陣の新味は、これらの全軍を、スパルタ軍のような、一列横隊式にしなかったところにある。研究者たちが「傾斜型」と名づけたように、ななめになるように布陣した点にあった。

もちろん、彼らに与えた命令もちがった。

左翼には、通常以上の速度での速攻。

中央の第一大隊には、常の速度での前進。

中央の第二大隊と右翼には、戦闘の前半では退《ひ》き、ただし後半になれば一変して攻撃に転じるよう命じていたからである。

エパミノンダスが真に狙《ねら》っていたのは、敵全軍の撃破ではなく、王が率いるスパルタ正規軍の撃破であった。

まず、数では優勢の騎兵で、敵側の騎兵を追い散らす。

そこに到着したペロピダス率いる三百人を、敵右翼の撃破にぶつける。

これによってさらに混乱した敵右翼に、ダメ押しの三千人を投入する。

つまり、三段階攻撃だ。

サラミスの海戦でもプラタイアの陸戦でも、双方の主力が激突した結果が、戦闘全体の結果を決めたことからの教訓であった。

主力が撃破されたと知るや、他国からの参戦者は、命令されなくても逃げ出してしまうのだ。

エパミノンダスが、自軍の布陣を斜型にし、そのうえ敵からは離れている中央の第二大隊と右翼に対して、まずは退《ひ》き、その後で攻撃に転じよ、と命じたのも、スパルタ兵以外の敵側の兵士たちを逃走に追いこむ考えではなかったか。

敵の主力を撃破することで戦闘全体を勝利に持っていくのは、これまたサラミスの海戦とプラタイアの陸戦が実証したように、敵よりは数で劣る軍勢を率いることになった総司令官にとって、唯一残された戦法でもある。

哀れなのは、プラタイアの勝利者を曾祖父《そう》に持つスパルタの若き王が、この戦法の犠牲者になってしまったことであった。

激戦ではあった。だが、会戦そのものは、いまだ陽も高いうちに結果が明らかになる。

テーベ側の速攻に、ゆっくりと前進してきたスパルタ側は攪乱《かくらん》されてしまったのだった。

声を嗄《か》らして指揮していた若き王クレオンブロートスは、ペロピダス率いるテーベの機動部隊に狙い撃ちにされ、早い段階で討ち死してしまう。その王の遺骸を敵の手に渡すまいと思うあまりに、スパルタの重装歩兵の隊列が崩れてしまった。

王の遺骸を、後方の宿営地に運びこむことはできた。だが、スパルタ主導のペロポネソス連合軍の右翼は壊滅同然。同盟国からの兵士たちの多くは宿営地に逃げこみ、宿営地までは距離があった左翼にいた兵士たちは散り散りに逃げ去っていた。

ギリシアの都市国家は戦争ばかりしていたが、それゆえか、戦場での礼儀にも通じていた。勝敗が決まった後は、戦死者たちの遺体収容のために一時休戦するのも、通例になっていたのである。

スパルタ側からもその申し出がなされ、テーベも受ける。ただし、テーベ側の総司令官であるエパミノンダスは、条件をつけた。

まず初めは、スパルタの同盟国からの参加兵たちの遺体を収容すること。

それが終わった後でテーベ側が戦場を見てまわり、その後で初めてスパルタの兵士たちの遺体の運び出しを認める、と。

エパミノンダスは、スパルタの重装歩兵の死者の数を、正確に知りたかったのだ。

それで後世のわれわれも、ペロポネソス同盟からの参加兵の死者の数は一千前後という推測の域を出ないが、主力であったスパルタの損失は知っている。

開戦前には七百人いたのに、そのうちの四百人が戦死していたのだ。生き残ったのは三百人。スパルタの誇りであった戦士たちは、この会戦だけで、三百人に減ってしまったのである。

一方、勝ったテーベ側の戦死者は、ボイオティア地方の同盟都市国家《ポリス》からの参加兵もふくめて、三百人を越えていなかった。

一万で乗りこんできた、スパルタ主導のペロポネソス連合軍の死者――一千四百。六千で迎え撃った、テーベ主導のボイオティア連合軍の死者――三百。

これだけでも「レウクトラの会戦」の勝敗は明らかだが、この戦闘で特筆さるべきは、スパルタの重装歩兵団が壊滅同然になってしまったことである。「テーベの二人」が目標にかかげていた「打倒スパルタ」は、完璧に成功したのだった。

この時期スパルタでは、例年の行事の祝祭が開かれていた。神殿では犠牲の羊を焼く煙がたちのぼり、青少年たちは神々に捧《ささ》げる体技を競う。敗北の知らせが届いたのは、祝祭の最終日だった。

五人の「エフォロス」は、それを公表するのを、すべてが終わるまで伏せた。また、戦死者の家族には、喪に服することすら禁じられた。

このような事態は、長いスパルタの歴史でも初めてのことであった。

スパルタの戦士たちは、「戦場では勝つか、それとも死か」で育ってきた男たちである。「死」は、彼らにとって、甘んじて受けるものでしかなかった。

しかし、前三七一年の敗北は、一戦士の死では済まず、一国の死にさえもつながりかねなかったのである。

軍事力で強力になった国がその軍事力を失ってしまっては、威力が地に陥《お》ちるのも当然だ。

このことは、スパルタが盟主になっていたペロポネソス同盟の加盟国のすべてに明らかになってしまう。ゆるぎかけた石壁から石が次々と崩れ落ちるように、加盟国の離反が始まった。スパルタの西隣りに位置し、長年にわたってスパルタの農業生産地にされていたメッセニアまでが、独立を宣言して離れた。

ペロポネソス同盟は、それが結成された時代からすれば二百年が過ぎた紀元前三七一年、音を立てて、という感じで瓦解《がかい》したのである。

スパルタは、ギリシアの南に位置するペロポネソス半島のさらに南の端にある、一都市国家になってしまったのであった。

アテネを破って唯一の覇権国家に躍り出てから、三十三年しか過ぎていない。

なのに「レウクトラの会戦」をもって、括弧つきではあったにせよつづいていた、

「スパルタの覇権時代」は終わったのである。

この後からは、「テーベの覇権時代」が始まる。だがこれも、括弧つきの覇権にしかならなかったのが、都市国家時代のギリシアの悲劇であった。

「テーベの二人」は、勝利を最大限に活用しようと決めていた。「レウクトラ」でかち取った勝利を、満喫している暇などはなかった。

四十九歳と四十七歳という、年齢に不安があったのではない。テーベという都市国家の実態に、不安があったのである。

大企業がふるわないのは、人間という持てる資源の活用を怠っているからだが、中小企業では、活用する意志はあっても、人間そのものが少ない。ペロピダスとエパミノンダスは、そのテーベを背負っているのだった。

戦勝直後から、二人は役割を分担している。

ペロピダスは北を、エパミノンダスは南を。

二人とも、自らの担当地域では、軍事に留まらず外交作戦でも積極的だった。テーベを中心にしたボイオティア地方にある各ポリスとの同盟を固める程度では、中小企業の域を越えることはできないのである。それにテーベは、スパルタを下した今は覇権国になっていた。

スパルタを覇権国の地位から突き落として以後の「テーベの二人」にとっての七年間は、文字どおりの東奔西走で明け暮れることになる。

北方を担当したペロピダスは、ボイオティアを越えてテッサリア地方にまで進出した。もちろん、軍事的に、である。それまでのテッサリアは、ギリシアの後進地帯にすぎなかった。ゆえに政治上の重要性はさしてなかった地方だが、平野に恵まれている地方なので、人間と馬には不足しない。二人によって生れ変わったテーベ軍をもってしても、簡単にケリがつく相手ではなかった。しかも政治的には僭主《せんしゅ》政で、指揮系統ならば一本化している。

それで、突撃だけでなく迂回《うかい》の効用も知っていたペロピダスは、このテッサリアと境を接するマケドニアを巻きこむことを考える。二年後、マケドニア王国内の内紛を利用した結果、マケドニアと同盟を結ぶことに成功した。テッサリアを南と北から締めつける、というわけだった。

この同盟成立の証《あか》しとして、翌年、マケドニアからは王家の少年が一人、人質としてテーベに送られてくる。人質と言っても、幽閉されるわけではない。行動のすべては自由な客人というところだが、このときの少年が、後にマケドニアの王位に就くフィリッポス。

テッサリア地方とマケドニア周辺

後になってマケドニア王国の軍制改革を敢行することになるこの人は、十五歳からの四年間をテーベで過ごし、かの二人が生れ変わらせたテーベ軍を自分の眼で見たのだった。

しかし、マケドニアを生れ変わらせることになるのは、この少年が大人になってからだ。それ以前のマケドニアは後進地帯で、その国と結んだ同盟にも実効力はさしてなかった。

おかげでペロピダスは、テッサリア相手に苦労しつづける。外交で解決しようとペルシアの首都にまで遠出したが、その効用もさしてなかった。

それどころか、東奔西走中のちょっとしたスキを敵に突かれ、テッサリア側に捕われてしまう。

友を襲った不幸を知ったエパミノンダスが、ペロポネソス半島で転戦中にもかかわらず急ぎ北上して救出したので、これも一時の事故で済んだ。

しかし、覇権国の最重要人物を襲ったこの事故は、前三六八年に起ったのだ。前三七一年から始まったテーベの覇権時代も、括弧つきもよいところ、であったのを示していた。

南方を担当したエパミノンダスだが、彼のほうは攻撃に次ぐ攻撃の連続になる。目標は、スパルタのみ。この機にスパルタの領内にまで攻めこんで、スパルタという国そのものを一掃しようとしたのだった。

だがスパルタは、守りに徹するとなると、やはり強い。

おそらく、成年にはまだ達していない、とは言っても子供の頃からの武技の訓練ならば充分な若年層と、すでに六十歳を越えた退役兵までを総動員したのだろう。後方にあってその彼らを見守るのは、七十代も半ばに達しようとしていた王のアゲシラオス。

「レウクトラの会戦」の生き残りの三百を中心にして、常ならば戦場には出ない男たちは、こうして、敵軍がスパルタの領内に入って来たのは建国以来初めてという危機に、挙国一致で起《た》ったのである。

エパミノンダス率いるテーベ軍の攻勢は、文字どおりの波状攻撃になった。第一回は、レウクトラで勝った翌年の前三七〇年。二回目はその次の年の前三六九年。そして三回目は前三六七年と、スパルタには息をつく間さえも与えない、と決めたかのようであった。

このテーベ軍には、スパルタから離反したかつてのペロポネソス同盟の加盟国からの兵士たちが加わるようになっていた。

それでもスパルタは、耐えつづける。

郊外には撃って出ないで市街地のみの防衛に徹したのが、それを可能にしていた。

ペロピダスもエパミノンダスも、テッサリアやスパルタが相手の攻勢に専念できたわけではなかった。

テーベは、民主政の国になっている。民主政だから、反対派はいる。東奔西走の二人に対して、テーベ内では寡頭派《かとう》が、ギリシアの都市国家では政敵排除の手段になっている告発騒ぎを起していた。

まず、ペロピダスが的にされた。エパミノンダスと二人で権力を独占しているとして、訴えられたのである。

これが立件不可となったのは、エパミノンダスが退《ひ》いたからだ。司令官の地位から退《しりぞ》き、戦闘には一兵士として参戦したからである。翌年には返り咲いているから、バカバカしい一幕の喜劇であった。

とはいえ、告発騒ぎはこれで終わりではなかった。次いで的にされたのは、エパミノンダスである。罪状とされたのは、部下の指揮官たちに、任期終了後もつづけて任務についてくれるよう頼んだということにあった。

戦争とは、担当者の任期に関係なくつづく。それでしばらくの間の任務続行を依頼したのが、権力の乱用とされたのである。有罪となれば待つのは死刑というのだから、ギリシアの都市国家の政敵排除も、ギリシア人の性向を反映して過激であったのだった。

これに、自ら弁護に立った元哲学青年は、裁判員を前にして次のように言った。

「わたし、エパミノンダスは、テーベの市民から死刑で罰せられることになった。なぜなら、テーベ人のただ一人といえども夢にも見なかったスパルタに勝ち、それによってテーベを壊滅から救っただけでなく、ギリシアの他のポリスまでもスパルタという鎖から解放したというのがその罪状。

第二の罪状は、今やテーベはスパルタ人を彼らの国にまで追いつめ、彼らをして、命だけは助かったと思わせるまでにしたということ。そして最後は、メッセニアを独立させたりしてスパルタを孤立させる作戦を、司令官として進行中というのが、厳罰に値すると判断されたのである」

裁判員だけではなく傍聴していた人々までが笑い出してしまい、おかげでエパミノンダスも、告発騒ぎから解放されたのだった。

しかし、テーベには、そのようなことにかまけている余裕はなかったのである。

少数精鋭の限界

長期にわたるシーズンを闘い抜いてチャンピオンになる野球やサッカーでも、それができるチームは選手の層が厚い。テーベは、選手の層が薄かった。

ペロピダスもエパミノンダスも、自分の担当地域だけに専念することは許されなかった。しばしば、ペロピダスがエパミノンダスに手を貸すために南下し、次の年にはエパミノンダスが、友が進めている対テッサリア戦の応援に北上する、ということをくり返している。

この情況を離れたところにいる第三者が見たならば、ギリシア本土全体が戦乱状態に陥っていると判断しただろう。

ギリシアの歴史を追っているだけでは視界に入ってこないが、そして当のギリシア人たちも気にもしていなかったのだが、そのギリシア本土とはアドリア海をへだてるだけの距離にあるローマで、この時期、後の地中海世界の行方を決めることになる画期的な改革が始まっていたのである。

この改革は、立案者の名をとった、「リキニウス法」の成立からスタートする。詳細については、『ローマ人の物語』の第一巻、単行本ならば一八〇から一八九ページまで、文庫版ならば二巻目の、八〇から九二ページまでを読んでくださいと願うしかないのだが、ここでは概略に留めるとして、それならば次のようになる。

また、次の一事も頭に留めておいてほしい。それは、古代でも、情報の伝達路は機能していたということだ。

一つは、他国の人々との交易。もう一つは、当時の地中海世界に住む人々の間では効用あらたかと評判だった、デルフォイやデロス島の神殿に出向いての御神託うかがい。

二つの「路《ストリート》」とも、人間とは集まれば自然に情報を交換するようになるので、立派にその役割を果していたのである。

紀元前三九〇年にローマを襲ったケルト族来襲による打撃をギリシア人は知っていたのだから、紀元前三七〇年前後のギリシアの混迷を、ローマ人も知っていたにちがいない。

同時期にギリシアの地で起っていたあの混迷を知らなければ、「リキニウス法」から始まるローマでの改革も、あのように短期間に、あのように決然と、成されてはいなかったと思うからである。

ローマ人は、ギリシアの都市国家《ポリス》の混迷の最大要因を、ポリス内部での分裂がつづいていることにある、と見たのだ。「民主派《デモクラツィア》」と「寡頭派《オリガルキア》」が国内でせめぎ合い、どちらも圧倒的な力を持てないことが、最大要因だと見たのである。

実際、この二大党派は国内で対立するだけでなく、他国の同志たちまで引きこむ場合が多かった。それで国内の対立は、都市国家間の対立にまで及んでいたのである。

それでローマ人は、自由を阻害しないでおきながら国内の統一までも実現する策として、この二大党派を融合することを考える。

ギリシア人が創《つく》り出した「デモクラツィア」と「オリガルキア」に対し、貴族と平民の間で抗争が絶えなかったローマは、「レス・プブリカ」(Res Publica)と名づけた新しい概念を創り出したのである。「パブリック」を考えれば、「対立」よりも「融合」で行くべきだ、と。

しかし、何ごとにも具体的であるのを好むのがローマ人だ。それで「リキニウス法」も、二人が定員の執政官《コンスル》に立候補する権利を、平民階級にも認めることの明記から始まった。

平民たちが要求していた、二人のうちの一人は平民階級から出すという案はしりぞけ、全面開放に踏みきったのである。

そして翌年、リキニウスは、政府のすべての要職まで、平民階級に開放するとした法を成立させた。

ローマも、都市国家として始まった国である。ゆえにすべての公職は、ローマ市民権を持つ人々による選挙で決まる。

その選挙への立候補が、全面開放されたのだ。投票は年に一度行われるので、年によっては、執政官が二人とも貴族になることもあるし、反対に、二人とも平民になることもあったろう。

結果がどう出ようが自由競争の結果なのだから、両派とも文句のつけようがない。

そして、この改革の最上の利点は、貴族(ないしはエリート)階級と平民階級という、いずれも利益代表になりがちな、それゆえに対立関係になりがちな、制度を全廃してしまったことにあった。

抜本的な改革は、一つの法を成立させたくらいでは成し遂げられない。たたみかけるように短期間に、いくつもの法をつづけて成立させてこそ可能になる。「リキニウス法」から二、三年もしないで成立したもう一つの法が、その決め手になった。

国家の要職を経験した者は、貴族・平民の別なく元老院の議席を取得する権利を有する、と決めたのである。

平民階級の権利の保護が任務であった護民官も、退任後は元老院の議員の一人になるのだ。労働組合の書記長だった人が、退任後は取締役の一人に就任するようなものである。

ただし、「ローマ法」の開祖になるくらいだから法律大好きのローマ人だったが、法律を成立させれば改革も成る、とは思っていない。

具体的なことは人間が法律で決め、抽象的な事柄は神々にまかせよう、と思っていたのかもしれない。こうもミもフタもないくらいのローマ人の現実主義には笑うしかないが、このときもローマは、民主派と寡頭派を融合するための理論的根拠を、神格化してしまうのである。

今ではローマの街中にある遺跡でしかないフォロ・ロマーノだが、古代のローマではすべてがここに集まっていた。このフォロ・ロマーノにコロッセウムの方角から入って「聖なる道」（ヴィア・サクラ）をたどっていくと、コンコルディア神殿にぶつかる。今では円柱の一本さえも遺《のこ》っていないが、フォロ・ロマーノというローマの一等地の、さらに一等地に建てられていた神殿である。この神殿は、前三六七年、「リキニウス法」の成立を記念して建立《こんりゅう》された。

「コンコルディア神殿」（Aedes Concordiae）という名称自体が、一致、調和、融合、協調を司《つかさど》る神に捧げた神殿という意味。

「リキニウス法」によって、貴族階級と平民階級の対立は解消され、以後は両者とも、一致し、調和し、融和し、協調してローマ国家のために力をつくすことを、神格化することで、両者ともに誓い認めたのである。

もちろん、それを司るのは、武張った男神ではなく、女神でなければならなかった。

こうして、ギリシア人の創造した「デモクラツィア」や「オリガルキア」への対抗概念として、ローマ人は、「レス・プブリカ」を創り出したのである。

師の業績は弟子しだい、と思っているが、ローマはギリシアの弟子になったのだ。師を、ことによっては反面教師にするのも、優秀な弟子である証しなのだから。当時の西地中海では第一の強国であったシラクサはギリシアの混迷にまったく学ばなかったが、いまだ強国でもなかったローマは学んだのであった。

一方、ギリシアでは、括弧つきにしろ「テーベの覇権時代」が七年目を迎えた前三六四年、テッサリア軍との戦闘中にペロピダスが戦死した。五十六歳の死であった。それをスパルタへの攻撃中に知ったエパミノンダスは、それこそ半身をもぎ取られたに等しい想《おも》いであったろう。この二人の協力関係は、二十年に及んでいたのである。

「テーベの二人」は、「一人」になってしまったのだ。

この二年後、テーベにとってだけでなく、都市国家時代のギリシア全体にとっても運命の年になる、紀元前三六二年が訪れる。

その年、五十六歳になっていたエパミノンダスは、傘下《さんか》に入ったボイオティア地方からの兵士も加えたテーベの全軍を率いて、四度目になるスパルタ攻撃のために南下していた。

ただしその年は、スパルタに直行することは許されなかった。その途中に位置するマンティネアを、先に制圧する必要があったのだ。

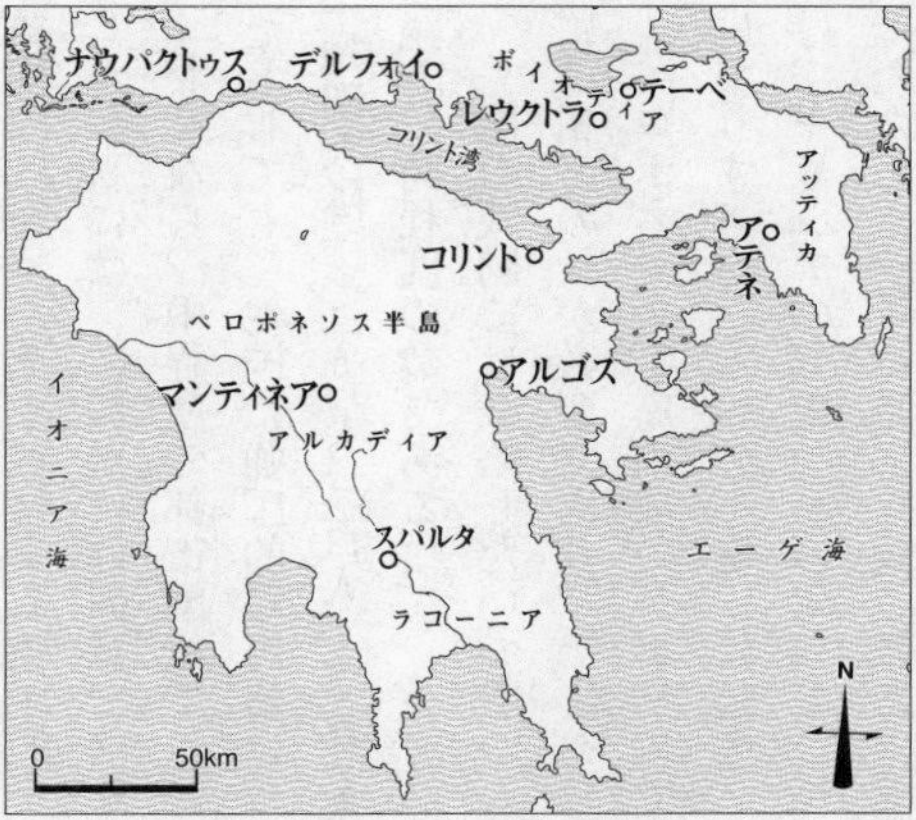

ペロポネソス半島

マンティネアは、スパルタの領土であるラコーニア地方の北にある、アルカディア地方の都市国家の中でも有力なポリスだったが、九年前の「レウクトラの会戦」でスパルタが一敗地にまみれた後、スパルタが盟主のペロポネソス同盟から脱退し、テーベ側に寝返っていたのだが、それがまた離れたのだ。

研究者たちはこのマンティネアの変心を、

覇権国になったテーベによる強圧的な態度に反撥《はんぱつ》したからだ、としている。

だが私には、にわかには同意できない。

なぜなら、中程度の都市国家でしかなかったテーベには、たとえそうしたいと思ったとしても、他国に強圧的に出るほどの軍事力はなかったからである。精鋭を集めた「神聖大隊」ですらも三百人。これでは、九年前の会戦で生き残ったスパルタ側の精鋭と、同程度の数である。

一度の戦闘《バトル》では戦略しだいで勝つこともできるが、何年にもわたって強圧的に出るには相応の量が必要であり、テーベにはそれがなかった。

ペロポネソス半島中部の一ポリスでしかないマンティネアの変心は、テーベが強力になりすぎることへの不安、に起因していたのではないかと思う。不安、嫉妬《しっと》、恐怖は、ギリシアの都市国家のすべてに見られる現象であったのだから。

ただし、テーベ軍に接近されたマンティネアがスパルタに応援を求め、スパルタがそれを受けたのは当然だ。スパルタの徹底的な打倒こそが、エパミノンダスの真の目標であり、そのエパミノンダスの前に立ちはだかる機会を、スパルタが逃すはずもなかったからである。

しかし、マンティネアによる救援の呼びかけには、アテネも応じていたのだ。アテネは、直接にはテーベの的にされてはいなかった。だが、アテネの領土であるアッティカ地方は、テーベの領土と言ってもよいボイオティア地方と境を接している。そのテーベが強力になりすぎるのは、アテネにとっても他人事《ひとごと》ではなかったのである。

こうして、ギリシア本土でギリシア人同士が対戦する戦闘としては最大規模、とまで言われる「マンティネア会戦」に行きついてしまう。

全ギリシア・二分

エパミノンダス率いるテーベ軍は、ボイオティア地方の同盟ポリスからとペロポネソス半島の反スパルタ勢も加えて、歩兵三万に騎兵三千の大軍。

一方、マンティネアの救援要請を受けて反テーベで一致した敵側は、スパルタとアテネに反テーベ勢を結集した、歩兵二万と騎兵二千。

ただし両軍とも、歩兵と言っても全員が重装歩兵ではない。投石兵などの軽装歩兵のほうが、断じて多かった。両軍合わせれば五万にもなる重装歩兵を出陣させる力は、以前のギリシアにはあったが、あの時代からは百年が過ぎている。この時代のギリシアにはなかったのである。

それでも、ギリシア本土にある都市国家のほとんどが、どちらか一方に加わった会戦になった。

両軍とも、マンティネアの平原に直行したのではない。ただし、主導権はエパミノンダスがにぎった。

まず、自軍の騎兵に、敵側の補給基地にもなっていたマンティネアの町を攻撃させた。

だがこれは、不発に終わる。町にいたアテネの騎兵隊の猛反撃に遭い、撤退するしかなかったからである。

エパミノンダスはただちに、次の戦略に移る。八十二歳の老王アゲシラオス率いるスパルタ軍が、マンティネア目指して北上中という情報を受けたからだった。

老王まで引き出したからには、率いるのはスパルタの戦力をすべて結集した軍勢にちがいない。ということは、首都スパルタが事実上の無防備になっている可能性は大。

それで、自ら率いるテーベ軍には急行軍を命じ、スパルタに直行したのである。

だがスパルタは、守りに徹したときは強い。九年前の「レウクトラの会戦」で父を殺され、成年にもならないでスパルタの王位に就いていたアルキダモスが、敢然と立ちはだかったのである。密偵から、テーベ軍の接近を知らされていたので、準備万端整えて待ちかまえていたこともあった。

敵国を遠望できる地点にまで来ていながら、エパミノンダスは決断を迫られていた。ここで少しでも時間を消費すれば、マンティネアに向っているスパルタの本隊が必ずやUターンしてくる。そうなれば、はさみ討ちになる。スパルタの領土であるラコーニア地方に敵軍を入れないのを、三百年このかた誇りにしてきたスパルタである。首都に敵兵がなだれこむなど、死んでも許さないのが彼らの生き方であった。

と言って、季節はまだ夏。戦闘に適した夏なのに軍を退きテーベにもどったのでは、テーベには覇権国の力がないことがギリシア中に知られてしまう。そうなっては、苦労して同盟関係にした国々が、なだれを打って離れるのは眼に見えていた。

エパミノンダスは決断した。マンティネアの平原での会戦に、すべてを賭《か》けると決めたのである。

マンティネアの平原いっぱいに陣を布《し》いた反テーベ側は、横一線に布陣していた。右翼はスパルタ軍。左翼はアテネ軍。本来ならば総指揮をまかされてよいマンティネア軍は、小規模の都市国家にすぎない現実を示して、他の応援ポリスからの兵士とともに中央に押しこまれている。騎兵は、両翼。

この敵側の布陣を見ながら、エパミノンダスは、九年前のレウクトラの会戦では勝因になった、傾斜陣型はとらなかった。奇策には、二度と使えないという欠点がある。ただし、敵の右翼と当たる自軍の左翼は、あのときと同じように強化した。反テーベ軍の事実上の主戦力は右翼に陣取るスパルタ軍であるのは明らかであったので、主力同士の激突を会戦全体の勝利につなげる戦略は変えなかったのだ。また、自軍の右翼も強力化した。騎兵の隊列の間に、投石兵の隊列をはさんでいったのである。アテネの騎兵のもつ優れた機動性に、待ったをかけるための戦術であった。

そして、いざ戦端が切って落とされるとなったとき、自軍には奇妙な動きを命じた。

それを戦艦に例えれば、敵に船腹を見せながらその眼前を通過していくようなものだったから、リスクは大きかった。だが、上手《うま》く行けば、敵の戦意を減ずる効果はあったのだ。

実際、布陣する敵軍の前を、馬に乗ったエパミノンダスを先頭にしたテーベ側の軍勢が横切るのを見て、敵はびっくりしてしまう。

横切っていく全員が、兜《かぶと》は後方にそらし、槍《やり》は肩にかついだ姿で、戦闘を始める兵士にはどうしたって見えない。

ところが、リラックスした姿で歩みを進めていた全軍が、横一線に並ぶ敵軍の前を通り過ぎようとした瞬間、エパミノンダスからの合図が出された。それで、全員が止まる。

次の一瞬、全員が兜を下げる音が響きわたり、槍を右手にかかげ持った姿に一変し、総攻撃が始まったのだった。

その後は、突撃に次ぐ突撃だけになる。

エパミノンダス率いる左翼は、『ギリシア史』の中でこの会戦を叙述したクセノフォンによれば、三段層ガレー船が全力で敵に突っこんでいくように、敵側の右翼を守るスパルタ軍目がけて突っこんでいった。まるで船首を先にした船が、海水を蹴散《けち》らしながら前進するように。

一方、テーベ側の騎兵も軽装歩兵も、敵側の左翼を守るアテネ軍に対して健闘していた。

アテネの騎兵軍団も、火山が噴火でもしたかのように雨と降ってくる、テーベの投石兵が投げてくる石塊にはばまれて、本来の機動性を発揮できなかったのだ。

ここまでのすべては、エパミノンダスの読みどおりに進んでいた。

激闘の連続だった戦況も、少しずつ、数では有利だったテーベ側に優勢に変わってくる。

左翼に配されたテーベ兵が、縦長の陣型のまま、船首を先にしたガレー船団が全力で突っこんでいくようにして突撃したのが、効果を見せ始めていたのだ。すでに敵の騎兵は撃破し、スパルタ兵で占められていた右翼も分断され、敗走の一歩手前にまできていた。

このまま進めば、九年前のレウクトラでの勝利が、再現される展開になっていたのである。

だが、まさにそのとき、誰かが投げた槍が、馬上にあって指揮していたエパミノンダスの胸深く突き刺さった。

落馬した総司令官を、味方の兵士たちは後方に運び出す。まだ、息はあった。しかし、鉄でできた先端がついたままの槍を引き抜いてすぐ、息は止まった。

戦闘は、テーベ側が勝っていたのである。しかし、テーベ軍の誰一人、敗走し始めていた敵軍の追撃を命じた者はいなかった。

最高司令官とは、全軍の動きを指示する司令塔なのである。そこからの司令がなければ、兵士は動けない。動けなくなった彼らに動きを再開させるだけの力を持った指揮官は、テーベ側にいなかったのである。

勝敗がはっきり出たはずの会戦は、こうして、勝者も敗者もない会戦で終わる。両軍ともが、自軍の兵士の遺体だけを無言で収容する、沈黙のドラマの形で。

そして、誰もいなくなった

『ペロポネソス戦役史』を書いたツキディデスの後を受け継いで書いた『ギリシア史』を、この会戦の終了で筆を置いたクセノフォンは、紀元前三六二年に闘われたこの「マンティネアの会戦」を、苦い想いでふり返る。

ギリシアの都市国家のすべてが、二手に分れて闘った会戦であったこと。

それでいながら、勝者も敗者もおらず、ゆえにギリシア全土を、先頭に立って引張る覇権国なしの状態で残すことになってしまったこと。

そして、四十九年間に及ぶギリシア人の歴史を書いてきた『ギリシア史』の最後を、次の一句で終えている。

「ギリシアを苦しめてきた混迷は、この会戦の後も、それ以前とはまったく変わらなかった」

紀元前三六二年を境にして、ギリシアには、「誰もいなくなった」のである。

この三年後、ギリシアの北方にあるマケドニアで、二十三歳のフィリッポスが王位に就く。

そして、そのさらに三年後には、フィリッポスに、アレクサンドロスと名づける息子が生れる。

第四章　マケドニアの台頭

神々に背を向けられて

ギリシアの北部と中南部を分ける境に、オリンポスと名づけられた山がある。三千メートルに迫る高さで、ギリシアでは最高峰の山。

頂上近くは雲たなびく日が多く、古代のギリシア人は、自分たちを守ってくれる神々が住んでいる山と信じていた。

だが、神々《こうごう》しい聖地という感じは少しもない。第一巻の冒頭で述べたように、ギリシアの神々は、良くも悪くもすこぶる人間的に出来ていて、主神ゼウスからしてオリンポスからしばしば抜け出しては浮気にうつつを抜かす有様で、オリンポス山とは、この家長に負けず劣らず人間的な男神や女神たちが、ゼウスを囲んで集まるときの住まいであったのだった。

こうも人間的な神々なのだから、オリンポスの山の上でも、北風が吹きつける北方ではなく、暖かい南方に顔を向けていると考えるほうが自然である。

南側には、ギリシアの有力都市国家《ポリス》である、アテネやテーベやコリントやスパルタがあるだけでなく、常に神託をうかがいにくる人でにぎわっているデルフォイがあり、四年に一度は全ギリシアからアスリートたちが集まってくる、オリンピアもあったのだから。

マケドニアとその周辺

マケドニアは、このオリンポス山の北側に位置していた。ギリシアの神々からは背を向けられた、裏側にあったのである。

民族的にはギリシア人であり、他のギリシア人と同じ神々を信仰していた。方言色は強いと言っても、話し書く言葉はギリシア語で

ある。

それでいて、ギリシア人であることの証明でもあるオリンピアで闘われる競技会には、三百年もの間招待されなかった。

民主政《デモクラツィア》か寡頭政《オリガルキア》のちがいはあっても都市国家ではあることでは共通していたギリシアのポリスにしてみれば、王政をつづけるマケドニアは半分野蛮な国であったのだ。政治的、軍事的、経済的のすべてで、マケドニアは、長年にわたって後進国と見られてきたのである。

紀元前四八〇年、今度こそはギリシアを征服するとの意気で王自ら率いるペルシアの大軍が侵攻してきたときも、ペルシア王クセルクセスが発した最後通牒《つうちょう》を断固拒否した全ギリシアの都市国家連合軍に、マケドニアは、加わることさえ求められていない。早々にペルシア王の要求に屈して、属国になることを受け入れていたからである。

第二次になるこの年のペルシア戦役は、前四八〇年のサラミスの海戦、翌年のプラタイアの会戦でギリシア側が大勝し、ペルシア王は首都のあるメソポタミア地方に逃げ帰るしかなかった。

だがこのすぐ後、マケドニアのオリンピック参加は、初めて実現するのである。

まず、勝ったギリシアの都市国家が、敵側についていたマケドニアに寛大であったこと。寛容とは、理性的に考えたから実現するのではない。自信を持った側が決めた場合に実現するものなのだ。大敵ペルシアを撃破したことで自信を高めたアテネもスパルタも、〝オリンピック精神〟に目覚めたのかもしれない。敵方についたとは言っても同じギリシア民族、ギリシアの神々を敬うことでも同じ、方言色が強くてわかりにくくても、ギリシア語を話す同士ではないか、と。

しかし、オリンピアで闘われる競技会に参加できるようになり、それ以外の他の競技会にも出ることが認められるようになったマケドニアだが、その後の百二十年間、ほとんど無視に近い状態がつづくのである。オリンピアで優勝することもなかったが、何よりもまずギリシア全体が、アテネ、スパルタ、テーベと、都市国家が勢力を持つ時代でつづいていたからであった。

それが、紀元前三六二年、ギリシアの都市国家間の同士討ちもついに最後を迎え、ギリシアは、「そして誰もいなくなった」状況になる。

この年、長らくオリンポスの神々に背を向けられていたマケドニアでは、フィリッポスという名の若者が二十歳を迎えていた。

脱皮するマケドニア

フィリッポスは、初めからマケドニアの王位に就くと決まっていたのではない。だが、後進国として長かったマケドニア王国は、王政からして整備されていなかった。ということは、実力しだいではくい入る余地もあったということである。

紀元前三八二年、王アミンタスの三男として首都のペラで生れた。十二年後、父王が死ぬ。マケドニアの王位に就いたのは、長兄のアレクサンドロス。

ちなみにマケドニアの王家では、フィリッポスやアレクサンドロスやペルディッカスは伝統的な名で始終出てくるのだが、われらがフィリッポスは正式には二世。その息子で後に大王と讃《たた》えられることになるアレクサンドロスは、三世が正式の名称になる。

とはいえ、フィリッポスですら「二世」にもまだなっていない時代のマケドニアに話をもどすが、長兄アレクサンドロスは、王になったわずか二年後に親族の一人に殺されてしまう。それでもお家騒動もひとまずは解決して、マケドニアの王位に就いたのは次兄のペルディッカス。次兄が統治していた時期、弟であるフィリッポスは、人質としてテーベに送られた。

人質と言っても、四人待遇ではまったくない。テッサリア地方の制覇のためにその北側に位置するマケドニアを味方につけたかったテーベの申し出で実現した友好関係の証しの一つなのである。その継続の保証として、言ってみれば担保として、王弟が送られたというわけだった。

しかし、当時のテーベは、前三七一年に闘われたレウクトラの会戦によって、ハードパワー、つまり軍事力による覇権を享受《きょうじゅ》していたスパルタを下した後、歴史上では「テーベの覇権時代」と呼ばれる時期にあったのだ。

そのテーベで、フィリッポスは、十代の後半を過ごす。大切な「担保」だから、ホームステイ先もテーベの有力者の家。その家には、レウクトラ会戦の勝将としてギリシア中に知られていたエパミノンダスやペロピダスも、しばしば訪れていたという。若きフィリッポスは、吸収力が最も強い年頃に、〝ウェストポイント〟に留学していたようなものであった。

研究者たちも、王位に就いたとたんに着手することになるフィリッポスの軍事改革は、テーベでの「人質時代」に下地が作られたということでは一致している。そうだろう。このチャンスから学べないようでは、フィリッポスも、彼以前のマケドニア王たちと何ら変わりのない王になっていたであろうから。

しかし、学ぶという行為には、良い点を学ぶのと、悪いところからも学ぶという二つがある。

徹底した兵力の活用は、テーベから充分に学べたろう。だが、テーベに欠けている面も、若きフィリッポスは見逃さなかったにちがいない。

テーベは、何と言おうが、ギリシアの都市国家の中では中程度の力《パワー》しか持っていなかった。

ボイオティア地方の覇者になったとは言っても、ボイオティア地方自体が、あらゆる面で貧しい。農業地帯ではあっても海に面していないので、通商国になったことは一度としてない。鉱山にも恵まれていない。結果として、人口が少ない。

スパルタから覇権をもぎ取りたい一心で持てる力を徹底的に活用することまでは、エパミノンダスにもできたろう。だが、そのための先鋒《せんぽう》として編成した「神聖部隊」も、三百人集めるのが精いっぱいであったのだ。いかに一人一人は精鋭でも、三百ではどうしようもない。実際、「テーベの覇権時代」は、わずか九年で終わってしまうのである。

若きフィリッポスは、テーベにいながら考えたのではないだろうか。マケドニアは、領土だけならば広い。あちらこちらに散っているだけの農民たちも、組織さえすればまとまったパワーになりうる。封建諸侯と呼んでよい騎士階級も、組織されていないことでは同様。また、北部ギリシアに多くある鉱山も、これまではアテネ人による開発にゆだねたままであったのだ。マケドニア王国は、持てる力《パワー》を活用しないでそれまで来たのである。どうすれば、活用できるか。

テーベでの人質期間を終えてマケドニアにもどってきた四年後、次兄で王であったペルディッカスが、イリリア族との戦闘中に死んだ。王位はその息子に継承されると一応は決まったのだが、それがいまだ未成年。二十二歳になっていたフィリッポスは、甥《おい》にあたる王の後見人ということになった。ところが、幼王の後見人は彼一人ではなかったのである。

アテネやスパルタに代表されるギリシアの都市国家がマケドニアを後進国と軽蔑《けいべつ》していた理由の一つは、王が死ぬたびにお家騒動が起るという、当時ではペルシアのようなオリエントの国にしか起らない現象にあった。マケドニアでも、幼王の後見人になるということは、幼王をしりぞけて自ら王位に就く可能性のある人、の意味のほうが強かったのである。フィリッポスには、この意味でのライヴァルは四人もいた。いずれも、彼にとっては腹ちがいの兄弟か、兄弟でなくても王家に属す親族になる。

二十二歳は時間を無駄にしなかった。まず、首都ペラでは何かと評判の悪い一人を暗殺させた。この人物は宮廷の内外ともに嫌われていたので、問題にした人さえもいなかった。

次いで、能力はないが人は良い二人には、ひざつき合わせる形での説得作戦に出る。経済面での厚遇を約束された二人は、他国への自主亡命を選んだ。

残った一人であるアルゲオスの処置は、簡単ではなかった。自らアテネにまで出向いて、自分が王になるのを軍事面で援助してくれたらアンフィポリスをアテネに返す、なんてことまで約束していた人だからである。カルキデア地方の要地であるアンフィポリスの再領有は、アテネ人にとっては悲願であったのだ。

フィリッポスは、これにもひるまなかった。彼もまたアテネ政府に使いを出し、自分が王位に就いたあかつきには、アンフィポリスの返還は、約束ではなく現実になる、と言わせたのである。

都市国家アテネは、もはやテミストクレスやペリクレスが生きていた時代のアテネではない。それでも、賢明とは悪賢いこともふくまれると考える、アテネ人の住む国である。「二股《ふたまた》」をかけることにしたのだった。

アテネ政府は軍船団を組織し、それに、アテネに来ていたアルゲオスとその一派のマケドニア人を乗せ、ピレウスから出港させた。北上するアテネ船の上では、アルゲオス以下のマケドニア人はアテネの軍事援助を疑わないでいたのだが、彼らの期待は、マケドニアの首都ペラから南に四十キロ離れた港に入ったときに裏切られる。

アテネ兵もともにそこで上陸すると思っていたところが、上陸したのはマケドニア人とアテネの傭兵《ようへい》だけで、アテネの正規兵たちは、幸運を祈ると言い残してさっさと出港してしまった。

アルゲオスとその一派は置き去りにされたことになるが、それを知っても、首都にいるフィリッポスは行動を起さなかった。

内戦の勃発《ぼっぱつ》か、と怖《おそ》れおののく空気が首都中に広まるのを待ったのである。実際、アルゲオスの呼びかけに応じて反フィリッポスに起《た》ったマケドニア人は、ほとんどいなかった。

それでも、少数の同志とアテネの傭兵だけを率いるアルゲオスは、首都ペラを目指して北上を始める。

このときになって初めて、フィリッポスは行動を起した。反乱軍と明らかになった彼らは断固粉砕するべきと公表し、そのための軍勢に南下を命じたのである。

結果はすぐに出た。首都まで二十五キロと迫った地点で、文字どおり粉砕されたのだ。アルゲオスとその一派の生き残りには、苦難の放浪生活が待っているだけになった。

しかし、フィリッポスは、二股かけたつもりでいたアテネを、そのままで放っておくこともしなかった。軍事粉砕中に負傷したアテネの傭兵たちには充分な医療処置をほどこし、マケドニアの船に乗せてアテネに送り返したのである。二股かけたのは知っていますよ、というわけだった。

外交的に言えば、このときのアテネ政府は、大いなる失策を犯したことになる。実力もないのにズル賢く振舞おうとするからこのようなことになるのだが、アテネ政府もそれには気づいた。

早速、フィリッポスの許《もと》に特命全権大使を派遣し、アンフィポリスの返還の確約を条件にしたとはいえ、アテネとマケドニアの間で友好協定を結ぶことに決めたのである。交渉は簡単に終わり、その後数ヵ月も過ぎない前三五九年始め、フィリッポスは公式に、幼王の唯一《ゆいいつ》の後見役と決まった。

だが、フィリッポスという男は、動き始めたら最後まで行く。最後とは、幼王を排して彼自らが王位に就くことだ。それにも、マケドニア内の空気は確実に醸成されつつあった。

マケドニア王フィリッポス二世

マケドニアの王制は変わっていて、血統の継続が絶対条件ではない。王は、有力な武将たちによる選挙で決まる。マケドニアの強者《つわもの》どもは、フィリッポスこそが自分たちの王にふさわしいと判断したのである。

第一に、先王の実弟なのだから、血筋に問題はない。

第二は、ギリシア民族でもない北方の蛮族イリリア族との対戦でも相応の戦果をあげ、軍の総司令官としても合格。

第三は、オリンポス山以南の都市国家の中ではいまだに有力なアテネとの間を、友好関係に持っていった外交上の手腕。

そして第四は、内戦になりそうであった危機を回避した、内政面での手腕。

最高指導者の無能は、国そのものの滅亡につながりかねないのが、古代のギリシアであった。必要となればただちに兵士たちを率いて戦場に駆けつけねばならない者たちにとっては、最高司令官の能力の有る無しは、具体的で身近で真剣な問題である。フィリッポスは、これらの事柄への充分な判断力をもった、プロたちから選ばれて王になったのである。

紀元前三五九年、二十三歳のマケドニア王の誕生であった。

新生マケドニア軍

王位を手にしたとたんに始まるフィリッポスによる軍事上の改革が、いかに当時のギリシアでは画期的であったかは、主戦力である重装歩兵の名称が一変したことにもあらわれている。

都市国家時代のギリシアでは、アテネでもスパルタでもテーベでも、彼らは「ホプリーテス」（Hoplites）と呼ばれていた。

それが、若き王によって改革されて以後のマケドニアの重装歩兵は、「ファランクス」（Phalanx）と呼ばれるようになるのである。

重装備の歩兵、ということでは変わらないのに、何がどうちがっていたのか。

フィリッポスはまず、「ファランクス」要員としてリクルートする網を、農民層にまで広げた。

それまでの「ホプリーテス」が、アテネでは第三階級と呼ばれていた中堅階層、おそらくテーベでも中間層の市民、スパルタとなると全男子数の四パーセントにも満たないエリート市民で占められていたのが、これら民主政・寡頭政の都市国家を越えて、王政のマケドニアが国民軍へと舵《かじ》を切ったのである。

市民という概念は希薄な王国であったから容易ではあった、にしてもである。

ゆえにフィリッポスは、彼らに、数は限られた「精鋭《エリート》」ではなく、量も充分な「ベテラン」になることを求めた。

史料がないので想像するしかないのだが、フィリッポスは、そのためのリクルートの対象を、二十代にしぼったのではないかと思う。

なぜなら、彼の考える「ファランクス」になるには、まずもって、頑健な体力が必要だ。同時に、敏捷《びんしょう》な動きも求められる。

また、あらゆる改革には最低でも十年の期間は必要だが、ゼロからたたき直してベテランにするのだから、十年は絶対に必要になる。改革に着手した段階でのリクルートが、若い農民層に集中したのも当然と思う。

新生マケドニア軍の主戦力を担《にな》う「ファランクス」は、頑健であるとともに敏捷でもあらねばならないということの重要性を、フィリッポスは、テーベで学んだにちがいない。

フィリッポスが〝留学〟していた時期のテーベは、四年前にレウクトラの会戦で、ギリシア最強の重装歩兵との勇名高かったスパルタに勝利したテーベだった。あの会戦では、頑健だが動きは遅いスパルタの重装歩兵七百を、敏捷なテーベの三百が撃破したのが勝敗を分けたのである。戦略・戦術を考えたエパミノンダスが、テーベ兵に敏捷な動きを教えこんだ成果であった。

フィリッポスは、まずはテーベのこの面をまねたのである。だが同時に、テーベによって覇権国の座からすべり落ちたとはいえ、スパルタの「ホプリーテス」の強さの真因にも盲目ではなかった。

なぜなら、重装歩兵の存在理由の第一は、敵の攻撃に耐えて一歩も退《ひ》かないところにある。この点では、スパルタの重装歩兵は、「勇者」の名に完全に値した。

しかし、そのスパルタでもテーベに敗れたのだ。七百しかいなかったことが最大の敗因だが、敗れたことは、隠しようもない事実。

フィリッポスは、スパルタの重装歩兵の特質であった耐久力をより高め、これまたスパルタの勇士たちの特質であった、敵の攻撃を耐えきった後で初めて発揮される攻撃力まで、マケドニアの「ファランクス」に与えることを考えたのである。

まず、兜《かぶと》、胸甲、脚甲、盾、剣は、少しだけとはいえ軽量化した。

その代わり、槍《やり》を、ギリシアの都市国家の中でも長いことで有名だったスパルタの槍に比べても、二倍の長さにしたのである。

長槍を持つマケドニアの重装歩兵

スパルタの重装歩兵《ホプリーテス》の槍の長さは三・五メートルもあったのだが、それよりも長い六・五メートルにまでしたのだ。

こうなると、片手では、持つことさえもできない。陸上競技の棒高跳びの選手を見てもわかるように、両手で、しかも自然にしなってくるのを防ぐために、下からささえ持つ姿勢になってしまう。

これでは、防御にも攻撃にも役に立たなかった。

フィリッポスは、この欠陥を、二つの方策で解決することを考える。

七メートルにも迫る長さの長槍は、真中で二分割し、金属製の筒で連結できる造りに変えたのだ。

これだと、一本の木でできているゆえに自然にしなってくる欠陥も、相当な程度にまで防ぐことができた。

それに、移動時にも便利。盾は、ついている帯状のひもで肩から背負い、二本に分けた長い槍は肩にかついで行けたのだから。

戦場に着けば、筒で連結して一本にするだけ。両側の先端にはそれぞれ切っ先鋭い槍先がついているので、接近戦になった場合は二本の投げ槍としても使えた。

マケドニア方式のこの長槍は「サリサ」(sarisa) と名づけられ、「ファランクス」とともに、マケドニアの重装歩兵を象徴する存在になる。

フィリッポスが考えた方策のもう一つは、ギリシアの都市国家《ポリス》の重装歩兵の伝統でもあった密集隊型を、さらに大型化したことにあった。

戦略単位の大隊(ローマ軍ならば二個軍団)は、横に二六〇兵、縦に一六列であったと言われているので、合計すれば四、一六〇人の兵士で編成されていたことになる。

これだけでも敵側に圧力を感じさせるが、そのうえ、七メートルに迫る長さの「サリサ」も、ただ単に「林」になっているのではない。

最前列から五列目までの兵士たちは、左腕に持つ盾で胸を防御すると同時に、右手も加えた両手で「サリサ」を平行に構え持つ。

六列目から後は、列ごとに、構える角度が上がっていく。つまり、平行から直角まで、列ごとに「サリサ」の角度に差をつけていくということである。

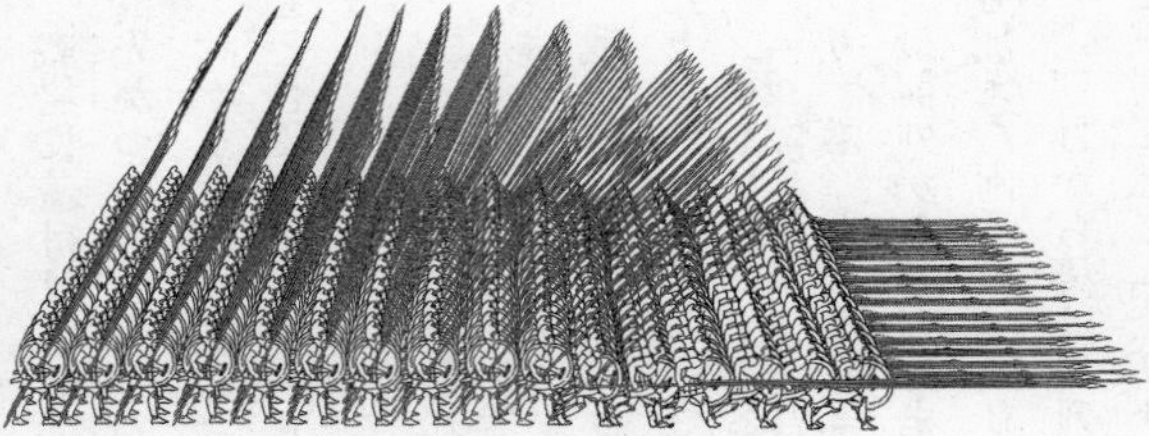

マケドニアの重装歩兵「ファランクス」

もちろん、戦闘に突入して以後は、この角度に変化が出てくるのは当然だ。サリサとて攻撃を目的にした武器である以上、動かない林でもあるかのように立てているだけでは用を成さないからである。

しかし、会戦ともなれば数個になるこの「ファランクス」を、敵側から見たらどうであったろう。巨大なハリネズミの集団に迫ってこられるに似た、恐怖を感じたのではないだろうか。

フィリッポスは、自国の兵士たちに、一人一人の精鋭化は求めなかった。ファランクスという形で集団になったときの、精鋭化を求めたのである。

長い伝統があり市民としての誇りも高いアテネやスパルタやテーベであったら、若きマケドニア王の改革は成功しなかったかもしれない。

「サリサ」だって、こんなものは槍ではないと言われ、手にすることさえも拒絶されたかもしれない。後進国マケドニアの農民が相手であったから、実を結んだのかもしれなかった。伝統とか慣習とかは、新規の試みの妨害になる場合も少なくないのである。

しかし、フィリッポスによる改革はなにぶん新しいことばかりで、それの現実化には次の二事が不可欠だった。

第一に、改革を決めた当人の意志が、ゆるぐことなくその後も持続すること。

第二は、改革者の意図を正確に理解し、その実現に先頭に立って協力する決意と、それができる能力を持つ人に恵まれること。

若きマケドニア王には、パルメニオンがいたのだった。

マケドニアの貴族の出身で、生れたのは紀元前四百年前後。となれば、フィリッポスよりは十八歳の年長になる。フィリッポスが二十三歳で王位に就いた年、パルメニオンのほうは四十一歳になっていた。

この人がどのようなやり方で、農民出の若者たちをベテランの重装歩兵に育てあげていったのかを、示してくれる史料はない。

だが、私の想像するところでは、具体例を見せることで、まずは恐怖心を取り除くことから始めたのではないかと思う。

全員が見ている前で、二人の兵を両側に立たせ、一人にはサリサを、もう一人には従来のギリシア伝統の槍を持たせる。そして言う。

「ほら、おまえの持つサリサはすでに敵の胸もとに迫っているのに、敵の持つ槍は、おまえからはずっと離れているではないか」

新兵には当然にある恐怖心を取り除くには、密集隊型の利点をわからせるのも役に立ったろう。

兵士一人一人の左側は、彼が持つ盾で守られている。だが、右側は守られていない。それが密集隊型だと、右隣りの同僚の持つ盾によって、おまえの右側も守られることになるのだ、と。

恐怖心さえ取り除けば、後は、七メートル近くもの長さのサリサを、一糸乱れず操《あやつ》る技能を、訓練を重ねることで習得させるだけであった。

フィリッポスはあるとき、アテネの使節に言ったという。

「よくもまあアテネでは、毎年毎年十人ものストラテゴスを選出できるね。オレのところは、ずっとパルメニオン一人というのに」

選ばれるストラテゴス(司令官)が平凡な出来ばかりという当時のアテネを皮肉った言葉だが、唯一無二と言ってもよい協力者への、フィリッポスの正直な想《おも》いも表わしていた。

マケドニアの「ファランクス」と言えば、それを率いるのはパルメニオン、で決まっていくのである。

しかし、平原で相対《あいたい》する会戦ともなれば、「ファランクス」も複数になる。騎兵や軽装歩兵まで加えた全軍の指揮をとるのは王のフィリッポスだが、数だけならば、パルメニオンの指揮する兵士のほうが断じて多い。つまり、ファランクスの一個大隊ごとに、指令が正確に届かない危険がある。それを回避する策は、一つしかなかった。各「ファランクス」の最前列の最も右端に配置された兵士の重要度を知り、それを活用することである。

この兵士は、オーケストラで言うならばコンサート・マスター、サッカーで言えばキャプテン、の役割を務める。パルメニオンが出す指令を受けるのも、その兵士になる。

また、「ファランクス」の最も右側の列の重装歩兵だけは、左側は自らの盾で守られているが、右側には同僚はいないので、その右側を守ろうとして、ごく自然な人間の情で左方によれていく癖がある。それを放置していては前方から攻めてくる敵を迎え撃つどころではなくなるから、左方によれる動きは、誰かが意識して是正しなければならない。この是正をするのも、〝コンサート・マスター〟の役割なのである。

フィリッポスによる改革の一つは、この、言ってみれば中間管理職にも、パルメニオンが出す指令が正確に、しかも早く届くようにしたことであった。こうすることで、マケドニアの重装歩兵団は、混戦になった場合の混乱を相当な程度に回避できるようになる。これも、彼らの強さの一因になった。何をやるかさえはっきりとわかっていれば、一兵卒でも不安に襲われることはないのだから。

指揮系統の一本化は、勝利の最大要因である。フィリッポスのしたことは、それを、パルメニオンを通し、次いで各ファランクスのキャプテンたちを通すことで、全軍に徹底させたことであった。

「ファランクス」以外の軽装歩兵は、マケドニア軍にももちろんいた。弓兵や石投げ兵や、「サリサ」よりは断じて短い投げ槍を操る兵士たちだが、フィリッポスは彼らを、主戦力である「ファランクス」への補助兵としてしか使っていない。その上をいく見事な活用は、息子の登場を待つしかないのである。

息子アレクサンドロスを待つしかなかったのには、騎兵の活用もあった。

フィリッポスも、騎兵の利点に無知であったわけではない。その証拠に、テッサリア地方の領有に異常なまでの関心を示している。オリンポス山のすぐ南から広がるテッサリアの地勢は馬の飼育に適しており、当然ながら騎兵の産地でもあった。

古代人は鐙《あぶみ》を知らなかった。ゆえに騎兵の足は、馬上で固定することはできない。その状態で騎兵は、敵兵を槍で突いたり、敵に向って槍を投げる。

足をふんばることができない状態でも攻撃力を発揮するには、幼少の頃から馬に乗ることに慣れていなければ無理だった。騎兵が社会的にも経済的にも恵まれた階層の出身者であったのも、アテネでも後のローマでも「騎士階級」という名称があったことからも明らかである。

テッサリア地方には馬が多く、ごく自然な勢いで、練達の騎兵も多いのだった。

だがこれも、徹底した活用となると、息子の登場まで待つしかなかったのである。

もしかしたらフィリッポスは、相当な程度に都市国家時代のギリシアを越えていたが、息子に比べれば、超越しきっていなかったのかもしれない。

近隣対策

王位に就いてから、三年が過ぎようとしていた。その間に「ファランクス」も、着実に成長していた。

実験をつみ重ねることで改良につなげていく機会も、不足しなかった。巨大なハリネズミを率いるパルメニオンは、マケドニアとは北の境を接するイリリア族退治に向うこと、しばしばであったからだ。

イリリア族が蛮族《バルバロイ》と見なされていたのは、ギリシア語を話さなかったことだけではない。天候の不良などが原因で収穫が低下すると、農作方法の改善によって翌年の生産性をあげることは考えず、近隣の国々に侵入しては略奪するという、手っとり早い解決法に訴える人々であったからだ。

それでいて、近隣諸国とは友好や同盟の関係には行こうとしない。そのような間柄になると、侵入して奪うことができなくなるからである。

アドリア海にも面しているのだから漁業でも食べていけたはずだが、こちらでも海賊をやるほうを選ぶのが常だった。

イリリア族のこの性癖は長年にわたって収まらず、この部族の決定的な一掃に成功するのは、ローマ帝国の初期になってからである。学者たちは、自主独立の精神が旺《おう》盛《せい》だったからだと言いたがるが、山賊や海賊をやるほうが手っとり早い解決策、と思っていたにすぎなかった。

しかも蛮族とは、なぜか常に南を目指す。この人々の住む地方の南に位置するマケドニア王国にとっては、東方のトラキア地方やオリンポス山を越えた南方への領土拡大に入る前に、相当な打撃を与えることで彼らの侵略を阻止しておくことのほうが先決した。

マケドニアの王位に就いて四年目になる紀元前三五六年は、二十六歳になっていたフィリッポスにとって、次々と喜ばしい知らせに恵まれる年になる。

まず届いたのは、イリリア族制圧行に送り出していたパルメニオンからで、大勝をあげたという報告だった。巨大なハリネズミの前に、蛮族は死体の山を築くだけだったという。これで当分の間、北への心配はなくなった。

次いで届いたのは、王妃オリンピアスに男子誕生の知らせである。その年十七歳のオリンピアスはフィリッポスにとって三番目の妻に当ったが、それ以前の女たちとは重要度が断じてちがった。マケドニアの西隣りに位置する、エピロスの王女であったからだ。政略結婚だが、フィリッポスは、蛮族との問題は軍事で解決しても、一応にしろ文明国とは、縁戚《えんせき》関係を結ぶことで味方にすることも考慮する統治者であった。だから、ほんとうの意味での正妻は、オリンピアスであったことになる。

生れた男の子は、マケドニアの王家では伝統的な名でもある、アレクサンドロスと名づけられた。母親の重要度からもこの赤ん坊こそが、父親のフィリッポスにとって、初めての嫡出《ちゃくしゅつ》の男子と言ってよかったのである。

次いでもたらされた知らせにも、フィリッポスは狂喜したという。オリンピアで開かれていた競技会で、マケドニア出身の選手が初めて優勝したのだった。

それも、槍投げや円盤投げで優勝したのではない。競技会の最終日に行われ、観客が総立ちになる中をゴール目がけて突入してくる戦車競走で優勝したのである。四頭立ての戦車を御して月桂冠《げっけいかん》を頭上にするのは、ギリシア男にとっては最高の名誉であった。

オリンピアの地で四年に一度の競技会が開催されるようになっても、三百年もの間マケドニアは、招かれることさえもなかったのである。参加を認められるようになってからも、百二十年が過ぎている。その間一度として、マケドニア人の頭上に月桂冠が輝いたことはなかった。

オリンピアに招待されることは、ギリシア民族の一員と認められたことを意味する。それが、優勝だ。ギリシア人の立派な一員になったことの、確証でもあった。

フィリッポス自身は馬と戦車を提供しただけで、それを御して勝ったのは別のマケドニア人である。だが、オリンピアでの四頭立て戦車競走では、御者だけでなく、馬と戦車の提供者も表彰される。現代の競走車レースで、ドライバーと共にフェラーリやメルセデスが優勝杯を手にするのに似て。

競技会での優勝を
祝福するマケドニア金貨

オリンポスの神々から長く背を向けられてきたマケドニアにとって、その間ずっと半蛮族と見なされてきたマケドニア人にとって、ギリシア人と同格になるのは悲願であったのだ。二十六歳のマケドニア王が、嫡子の誕生にも劣らず大喜びしたのも当然である。

しかし、フィリッポスは、そのマケドニアの王である。嬉《うれ》しい知らせに、喜んでばかりいられる立場ではない。彼の考えた軍事改革は、パルメニオンの協力を得て着実に成果をあげつつあったが、当時のマケドニアは、どこにでもある農業国でしかない。国民軍維持のためだけにしても、財源確保の道を探すことは絶対に必要だった。

経済の向上

平凡な出来の王であれば、農民からしぼり取るという、手っ取り早い解決策に訴えたろう。だが、いまだ二十代でありながら、フィリッポスは月並なリーダーではなかった。

もともとからして、農民を兵士に仕立て上げようとしているのに、その家族からしぼり取るのでは非論理的もよいところである。若きマケドニア王は、手っ取り早い成果は望めなくても、農業の生産性を上げることのほうを選んだ。

敵が蛮族である場合の利点の一つは、国の境界が明確でない人々が相手なので、勝てば自領に組み入れてしまえることである。フィリッポスの統治の初期に集中した北への侵攻は、そのままマケドニア王国の領土の拡大になった。

若き王は、それによって獲得した地と従来のマケドニア王国の領地を合わせて区画整理をし、農民たちに分け与えたようなのである。しかも灌漑《かんがい》工事までしてやったのだから、マケドニアには、一気に自作農が増大したのではないかと思う。自分の所有とはっきりすれば、農民でもごく自然に、その維持や改良には熱心になる。現代の学者の中にはこのフィリッポスの政策を、農地改革であった、とする人までいる。

若きマケドニア王は、通商面への対策も忘れなかった。経済の奨励に最も重要なことは国内政治の安定だが、それに劣らぬ重要事項は、良質な通貨の確立だ。商人たちが安心して受け取れる「良貨」の存在しない地方では、統治者がいかに奨励しようとも物産は流通しない。

私の持っているマケドニアの金貨は、素材価値と額面価値が同じでなければ良貨とされなかった時代、現代のアンティーク・コイン市場でも「良貨」と保証されたものである。質だけでなく、男神アポロンの横顔を模したと思われる鋳造《ちゅうぞう》技術でも、同時代の経済大国であったカルタゴの通貨に劣らない出来である。

当時の東地中海域での国際通貨は、ペルシアのダリコスとアテネのドラクマであった。フィリッポス率いるマケドニアは、国の内外ともに流通する国際通貨の仲間に、一気に進出したことになる。

同時に、拠点づくりにも積極的だった。マケドニア王国の首都ペラとは別に、自らの名を冠して「フィリッポポリス」と名づけた新しい街を建設したのである。それも、どこでもよいというわけではない。地図を見ただけでも、彼の意図は明らかだ。

新都市が建設されたのは、パンガイオン（Pangaion）の山岳地の東側に位置し、鉱脈が張りめぐらされていることで知られた、トラキア地方の鉱山の一画である。パンガイオン山地の西側には、アンフィポリスの町がある。ペリクレス時代はアテネ領であったのにその後に失い、それでもこのアンフィポリスの再領有はアテネの悲願であった。

もはや、説明するまでもないだろう。フィリッポスは、かつてはアテネの富裕層の海外資産が集中していたトラキアの鉱山まで、手中にするつもりでいたのである。あらゆる分野で大胆な改革を実施中のマケドニアにとって、鉱山の活用くらい、財源確保に役立つこともないからであった。

しかも、王国であるトラキアは、フィリッポスが王になる以前のマケドニアに似て、政治的に安定していない。だからこそ昔からアテネ人が深くくい込んでいたのだが、そのトラキア地方にも、フィリッポスは、侵略の手を伸ばしつつあったのだ。

こうなると、当然とはいえアテネとは利害がぶつかる。

マケドニアとその周辺

だが、前四世紀半ばというこの時期のアテネは、「デモクラツィア」の国であることでは変わりはなかったが、もはやテミストクレスやペリクレスが生きていた時代のアテネではなかった。

長期を視野に入れての一貫した政略《ストラテジー》などは薬にしたくもなく、毎年十人選ばれてくるストラテゴス（現代ならば大臣）の一人として責任を一身に負う覚悟もないままに、決定は市民集会に丸投げされ、実行に移す段階でも責任者が不明確なのでさらに遅れる、という国になっていたのである。

何ごとも民主的に決めたいという想いゆえではあったが、かつては存在した柔軟性までも失っていた。活用できた場合は数多くのメリットを産むが、「民主政」とて政治システムの一つにすぎない。それが、唯一無二という感じの絶対善である、「民主主義」に変容していたのだった。

かつてのアテネ人には、重大事に直面したときには「デモクラシー」には一時にしろ引っこんでいてもらうという、柔軟性があったのだ。

前四八〇年、ペルシアの大軍を迎え撃つ羽目になったテミストクレスは、一年間と限ったにしろ「ストラテゴス・アウトクラトール」に就任している。同僚である他の九人のストラテゴスとの合意も必要なく、一人で決め一人で実行に移せる地位であった。

先行するギリシア人に学ぶことやぶさかでなかったローマ人も、「ディクタトール」（独裁官）という、危機管理内閣のトップとしてもよい地位を創《つく》り出している。任期は六ヵ月と限られていたが、その間ならばすべては彼が決め、実行の先頭にも立った。

いったん独裁官が設置されると、常には二人いる執政官（コンスル）も、彼らの権利である拒否権（ヴェトー）を行使できなくなる。指揮系統の一本化、以外の何ものでもなかった。

前三六七年に成立した「リキニウス法」によって国内を二分していた貴族と平民の抗争に終止符を打ったローマは、そのわずか十一年後に、最初の平民出身の独裁官を出している。抗争は解消したという証《あか》しだが、フィリッポスがマケドニアの王になって三年目の年のことであった。

時代は、地中海の東方だけでなく、西方でも変わりつつあったのだ。それなのに、寡頭政《オリガルキア》の堅持しか考えないスパルタが変われなかっただけでなく、民主政《デモクラツィア》しか頭にないアテネも変われなかったのである。

一方、王国の主《あるじ》だけに決めるのも彼一人、それを実施に持っていくのも彼しだいというフィリッポスにとって、アテネとことを構える際の突きどころは、当時のアテネのこの硬直性にあった。

二千三百年後《あと》の現代の研究者が、「結局はアテネが、他のどのポリスよりも、望んでもいなかったにかかわらず、フィリッポスの領土拡大に手を貸してやったことになる」と書くように。

だがアテネも、鉱山利権がかかっているだけに、簡単に退《ひ》いたのではない。それでも、アンフィポリスの再領有を餌《えさ》にしてのフィリッポスの外交戦に、ほんろうされたのは事実である。若きマケドニア王によるトラキア地方への侵略を阻止しようと、イリリア族やパオニア族のような蛮族と同盟しようとしたくらいだから。この人々には同盟の概念すらもなかったにもかかわらず、であった。

しかし、結局はパンガイオンの鉱山の発掘権は、フィリッポスの手に帰した。フィリッポスが、アテネを欺《あざむ》いたのではない。アンフィポリスの再領有しか頭になく、それゆえ対応を決めかねていたアテネが見せたスキを、若き王が突いたからにすぎなかった。だが、この際に示されたアテネの〝ていたらく〟は、アテネにさらに高くつくことになる。

トラキア王国南部への侵略をやめないマケドニア王の勢いを見て、アテネとは同盟関係にあったビザンティオンもキオスやロードスの島々も、同盟からの脱退を表明したからだ。しかもこの動きに、ヘレスポントスの海峡沿いに連なる、セストスを始めとする港町までが追随する様子を見せたのだから、アテネにとっては重大事になった。

アテネは、主食である小麦の輸入を黒海の周辺地帯に頼っている。そこで買い入れた小麦を満載したアテネの船団は、ビザンティオン（現イスタンブル）の前を通ってマルマラ海に入り、セストスに寄港したりしてヘレスポントスの海峡を抜けてエーゲ海に入った後も、終着駅であるピレウスに入港するまでに、キオス島への寄港は欠かせない。船乗りにとって、時折りとはいえ大地を踏むことと新鮮な飲料水の補給は欠かせなかった。

だからこそ、この航路の確保は、アテネにとっては「食の安全保障」であったのだ。

アテネは、これらの町や島の離反を阻止するために、海軍の派遣を決める。

だが、この時期のアテネ海軍は、ペリクレスの言った、「アテネ市民のみで成る練達の技能集団」ではもはやない。大半が他国からの傭兵《ようへい》で、司令官だけがアテネ市民という有様。アテネ市民に兵役忌避の想いが広がっていたからのやむをえない対策だったが、致命的な欠陥が二つあった。

第一は、傭兵ゆえにアテネへ忠誠心などはなく、戦況が不利になるや逃げ出してしまうこと。

欠陥の第二は、一人ではなく集団で傭《やと》われるのが傭兵制の常だから、隊長格の男に率いられている。その隊長クラスへのアテネの司令官からの指令の通達が、スムーズに行かない場合が多かったことであった。

しかも、こうも無理して海に出した海軍は、六十隻《せき》にすぎない。ペリクレス時代の常時二百隻を思い出さなくても、今昔の感はあった。

そのうえ結果は、やらなかったほうがマシ、で終わったのだから、なおのこと救われない。同盟脱退を阻止できなかったばかりか、ビザンティオン、キオス、ロードスの脱退を公式に承認せざるをえなくなり、この他にも黒海周辺の港町からレスボス島までがアテネとの間に結んでいた友好関係までも、断つのも飲み下すしかなかったのである。

傭兵を多用していたので、この作戦にアテネが費消した額は一千タレントにも及んだという。都市国家アテネの国庫に入るカネが激減したというのも、大げさな話ではまったくなかった。問題は、それを埋めるのに、増税をもって対処したことなのだが。

この間フィリッポスは、何をしていたのか。

静観していたのである。ただし、彼が静観していたのはアテネの迷走ぶりだけで、それ以外は、パルメニオンに率いさせたファランクスを北や東に送り出しながらの、勢力の拡大は怠らなかった。

とはいえ、いまだ二十代でも悪賢いことでは人後に落ちないフィリッポスのことだ。侵略した地方も、公式にマケドニア王国に併合したりはせず、「マケドニア王の影響下にある地方」に留めておいた。住民はギリシア人なので、ギリシアの他の都市国家《ポリス》をいたずらに刺激しないためであったのはもちろんだ。

この、「マケドニア王の影響下にある地方」とは、かつてはアテネの繁栄の基盤になっていた「デロス同盟」の北部と重なる。アテネにまず、反フィリッポスの雰囲気が高まったのも当然だった。

オリンポスの南へ

そのマケドニア王に、いよいよオリンポス山の南、つまりギリシアの中南部、への進出の好機が訪れる。

歴史上では「神聖戦争」の名で知られるギリシアの都市国家《ポリス》間で勃発《ぼっぱつ》した戦争だが、

神聖なところなどは少しもない、ごく低次元の問題から起った争いだった。
それでも「神聖」と呼ばれたのは、ギリシア人ならば誰でも聖地と信じている、デルフォイの地をめぐっての争いだったからである。

デルフォイにある男神アポロンに捧《ささ》げられた神殿は、建てられたのはいつかわからないほどの大昔から、ギリシア人の信仰を集めてきた聖所であった。ギリシア人にかぎらず地中海世界に住む人々にとって、最も有名な聖所がデルフォイであったと言ってもよい。

アポロン神に仕える巫女《みこ》を通して伝えられる神託の〝当確率〟が、高いという評判が定着していたからである。

巫女の口から出る意味不明な言葉を神官たちが翻訳して伝えるというのが実態だったが、信ずる人は多かったのだ。テミストクレスやペリクレス時代のアテネは国としては御神託うかがいはしていないが、またローマもしなかったが、スパルタとなると、国の政治に関する事柄でもまずはデルフォイの神託を受けてから決める場合が少なくなかった。それが個人ともなれば、デルフォイ参りはごく普通の行為になっていたのである。

というわけでデルフォイは、一年中、御神託を受けにくる人でにぎわっていた。それゆえデルフォイは、情報収集地にもなっていた。地中海世界で起ったことのほとんどは、デルフォイに行けばわかる、と言われたくらいに。

そのうえ、このデルフォイにあるアポロン神殿には、もう一つの存在理由があった。

ギリシア人にとっては、貸し金庫の役割も果していたのである。神さまが見ている前で盗みを働く不とどき者はいないだろう、と思われていたからだが、これがけっこう効果があった。デルフォイの神殿に預けられていたカネが盗まれたと記した史料はない。

となれば、デルフォイの神殿くらい安全な〝貸し金庫〟はない、ということになる。史料にはないが、神殿側はいくばくかの金庫の借用代は払わせていたにちがいない。少なくない史実が示すように、デルフォイの住民の経済センスはなかなかのものであったのだから。

というわけでデルフォイは、当ると評判の神託と安全は保証づきの貸し金庫業のおかげで裕福な町になっていた。アポロン神殿を中心にした広大な一帯を、耕作地として活用せずに、自然のままの「聖域」として残しておけたほどに。

ところが、このデルフォイの住民の中に、御神託をうかがいに訪れる人や貸し金庫利用者の落とすカネだけでは満足しない者が出るようになる。その人々が、「聖域」とされてきた土地まで耕作するようになったのが、「神聖戦争」の発端であった。

これを、アポロンの神聖を汚《けが》す不敬行為であると非難の声をあげたのがテーベで、テーベは早速テッサリア地方と組んで、「アポロン神とその神託の神聖を守る同盟」と名づけた同盟を結成し、デルフォイがあるフォカエア地方全土を相手に訴訟を起した。訴え先がどこかはわかっていないが、聖域を汚した行為に対する罰金の支払いを求める告訴を起したのだ。

訴えられたフォカエア側も、ギリシア人のこととて黙ってはいない。もちろん、罰金を支払う気などは少しもない。それで、デルフォイの神託好きでは人後に落ちないスパルタに、テーベに対抗するための救援軍の派遣を求めたのである。

だが、当時のスパルタは、前三七一年のレウクトラの会戦でテーベに大敗してからは、覇権国家からすべり落ちただけでなく、ペルシア戦役以前にもどって、他国には不干渉の一国平和路線にもどっていた。それでも個人としてはデルフォイへの信仰厚い者は多く、その一人だった王アルキダモスからは、ポケットマネーの十五タレントが届けられた。

救援軍の派遣はアテネにも求めたのだが、こちらのほうはトラキア地方でフィリッポス相手に苦労していて余裕はない。ポケットマネーを寄附してくれる個人もいなかった。

それでもフォカエア側は、カネのなる木でもあるデルフォイをテーベに渡したくない一心で、テーベの宣戦を受けて起《た》つ。ギリシアは、マケドニア以外は傭兵の時代に入っていたので、カネを集めることさえできれば戦力を持つこともできる。集めた兵力はたちまち五千になり、まもなく一万に迫るほどになった。

フォカエア地方と西の境を接するボイオティア地方の強国テーベなのだから、その程度の兵力ならば一気につぶせたと思うところだが、実際はそうではない。

前三七一年にスパルタに勝って「テーベの覇権時代」を持ったテーベだが、その九年後には早くも、マンティネアの会戦を機に覇権国の地位を失っていた。

だが、テーベ人だけはそうは思っていなかったのだ。マンティネアでは、戦闘では勝っていたのだが総司令官のエパミノンダスが戦死してしまったので引き分けに終わったにすぎない、と思っていたのである。だから、自分たちはまだギリシア一の強国である、と。

総司令官が戦死したことで、勝敗が明確でないままに終わったのは事実である。だが、エパミノンダスが死んだ後のテーベには、覇権国でありつづける力がなかったのが、「テーベの覇権時代」が九年で終わってしまった真因であった。厳正なその現実を、ペロピダスとエパミノンダスという二人の俊英《しゅんえい》が死んでもとの中程度の都市国家にもどっていたテーベを、テーベ人自らが認識していなかったにすぎなかったのだ。

結局、テーベが覇権国家からすべり落ちたマンティネアの会戦の年である前三六二年から三五三年までの九年間、「神聖戦争」は小ぜり合いを重ねながらも解決には至らない状態でつづく。

これは即、マケドニア王フィリッポスに、南への進出にそなえる時間を与えたことになった。歴史学者たちはこの九年間を、「神聖戦争・第一期」と呼んでいる。

だが、第二期が始まる前三五二年、三十歳になっていたフィリッポスが動き出した。オリンポス山の南に広がるテッサリア地方に、ついに軍を進めてきたのである。

三十歳のマケドニア王に、デルフォイのアポロン神殿を手中にするのが誰になろうと、そのようなことに関心があったのではない。彼の頭にあったのは、南への進出だけ。そのためには、「神聖戦争」であろうと利用した。

このフィリッポスが自分たちにとっては危険な存在になると、アテネだけはわかる。だが、それに対処するにアテネは、遠い地にいるペルシアの王に働きかけたりして、実のない外交戦に奔走するだけだった。フィリッポスに奪われた海港都市の再復しか頭になく、それを餌にされようものなら何にでもとびついたからである。

アテネもふくめたギリシアの都市国家のどこも本格的に動かないでいる間に、フィリッポスは、テッサリア地方を事実上の傘下《さんか》に入れてしまう。

彼が南進を始めた前三五二年の夏には早くも既成事実化したというのだから、「そして誰もいなくなった」ギリシアに、フィリッポスの前に立ちはだかる都市国家はなくなっていた、ということ以外の何ものでもなかった。

三十歳のマケドニア王は、なおも軍を進めた。率いるのは、二万の歩兵に三百の騎兵。その軍勢で、ついにテルモピュレーに達する。

テルモピュレーとは、曲がりくねった狭い道でつづく峠で、ギリシア人ならば子供でも知っているのは、この時期よりは百二十八年昔になる紀元前四八〇年、二十万の大軍で押し寄せてきたペルシア王を迎え撃つ責務を課されたスパルタ王レオニダスが、わずか三百の部下を率いただけで、ペルシアの大軍に一週間もの足止めを食わせたところだからである。

武器を差し出せば全員に無事の帰国を認める、と言ってきたペルシア王クセルクセスに、「モロン・ラベ」(取りに来たらよかろう)と答えたレオニダスと三百の勇名は、結局は全員の玉砕で終わったとはいえ、今なおギリシア人の胸を熱くする故事なのであった。

それでもペルシア王が、自軍の一割にもなる戦死者、王弟二人の戦死という犠牲を払ってもテルモピュレー突破に執着したのは、この峠を越えた南には、ギリシアの有力ポリスであるテーベ、コリント、アテネ、スパルタのすべてがあるからだ。

あれからは百年以上が過ぎているとはいえ、引きこもり状態になっているスパルタは別にして、さすがに他のポリス群もテルモピュレーには兵を送った。それらを合わせた規模は、マケドニア軍に少し劣る程度であったらしい。

テルモピュレーが持つ意味は、フィリッポスも知っている。ここは、強行するよりも退《ひ》くことにした。戦闘に適した季節は終わりつつあるという理由をあげて、軍を退いたのである。それも、ただ単に後退させたのではない。マケドニアまで帰ってしまったのだった。

フィリッポスは待つことも知っていた、と書きたいところだが、私には彼は、待つこと自体が好きだったと思えてならない。

とはいえ振り出しにもどったことは事実なのだが、いまだ三十歳の彼には、時間という味方がいた。また、事実上とはいえ傘下に加えたテッサリア地方を、味方として固める必要もあった。

テッサリア地方は良馬の産地で、それゆえに良質の騎兵の産地でもある。マケドニア軍の騎兵の三百をその十倍に持っていくのが、フィリッポスの考えでもあった。

「憂国の士」デモステネス

この時期、若きマケドニア王に翻弄《ほんろう》される一方になっていたアテネに、これではいけないと訴える人物があらわれる。

後世からは、「暴君に抗して敢然と起《た》った自由の旗手」と賞讃されることになるデモステネス(Demosthenes)である。

年齢は、その彼から「暴君《ティラノス》」と名指しされたフィリッポスよりは二歳年上だから同世代。それゆえか、「暴君」を糾弾する「自由の旗手」の舌鋒《ぜっぽう》は鋭くかつエネルギッシュで、しかもしぶとくくり返されていくことになる。

自国内でさえも言論を弾圧したことはなく、ましてや他国であるアテネの民主政を非難したこともないのに、マケドニアの王は、「暴君」にされてしまったのだった。

それでもフィリッポスは、意に介さなかったようである。デモステネスの影響力が、アテネ市民たちに対してさえも、さしてなかったことを知っていたのかもしれなかった。

大英博物館でもヴァチカンでも、そこに置かれたデモステネスの像は、いずれも沈痛な表情で共通している。若い頃とのちがいは、しわの数と白髪ぐらいで、与える印象ならば同じであったという。この人は、憂国の士で一生を過ごしたのだった。

デモステネスは、迫り来る「暴君」にアテネが飲みこまれないためと、次の政策の実現を市民集会に求めた。この諸政策の目指すところは、アテネにとって、必要な軍事的経済的な安全を与えることにある、と言って。

一、アテネ海軍の常備戦力数を、三百隻にまで増強する。
二、陸側の守りに役立つ要塞《ようさい》、橋、道路等々の、本格的な修復にとりくむ。
三、都市国家アテネの国庫を預かる部署で働く公務員たちを再編成し、実際に国庫への収入がどれくらいかの正確な把握を実現する。
四、国内の物産の交流と国外との交易双方の奨励策を考え、それを早期に実行に移す。
五、敵に攻めて来られた場合に限らず、平時であろうと新鮮な水の供給は保証されねばならず、そのための水路の整備を再開する。

この工事は一度手をつけられていたのだが、財源不足を理由に中断されたままであったのだ。

デモステネス

すべては正論だった。若きデモステネスの考えを一言でまとめれば、ペリクレス時代に回帰しよう、になる。

しかし、あらゆる環境がペリクレス時代と

はちがっていた。とはいえ問題は、これらの政策を実現するための財源をどこに求めるか、にある。

ペリクレス時代への回帰を主張するデモステネスにしては矛盾しているが、彼は、これらに必要な財源は、アテネの社会福祉政策の見直しで得られる、と主張したのである。これで、市民たちの気持が離れてしまった。

「テオリコン」（theorikon）の名で呼ばれてきた民主政国家アテネの社会福祉政策とは、第四階級という、日々働くから家族を養っていける人々、ローマ時代の「プロレターリ」だが、その人々が後顧の憂《うれ》いなく軍務に就け、心配なく公務員としても働けるようにと、ペリクレスが考え政策化していた制度である。

ただし、ペリクレス時代のそれは、軍務や公務に従事しているがために本来の仕事ができない期間に限っての、経済面での保障であった。

それが、ペロポネソス戦役で敗北した後にアテネに跋扈《ばっこ》するようになった扇動家《デマゴーグ》の一人のクレオンが、大衆の好意を得る目的で恒常的な福祉政策に変えてしまったのである。三段層ガレー船の漕《こ》ぎ手や軽装歩兵として軍務に就いていなくても、抽選とはいえ国の行政の仕事はしていなくても、アテネの市民である以上は、本来の仕事で稼ぐよりは少し劣る額、ペリクレス時代に支払われていた額の払いは国が保証すると決め、それで半世紀もの間つづいてきたのであった。

この時期、哲学者プラトンはまだ生きている。その彼がペリクレスのこの政策を、アテネ市民を物乞《ものご》いの群れに変えたとして批判するが、彼が批判したのはむしろクレオン以後の「テオリコン」であったと思う。

それならば、プラトンの批判は正しい。働いてもいないのに報酬だけもらうのでは、国に対する詐欺《さぎ》でしかない。

しかも、「テオリコン」は、これまたアテネの恒常的現象になっていた、兵役忌避の要因にもなっていたのである。当り前だ。兵役に就こうが就くまいが、ポケットに入ってくるカネは同じなのだから。

しかし、「テオリコン」制度はもはや、アテネの下層民にとっては「聖域」になっていた。いかに緊急に軍船を出す必要に迫られても、新鮮な水の確保のための工事であっても、「テオリコン」に手をつけることだけは許さない、という感じで。

市民集会では多数を占める第四階級は、声を荒らげる。「テオリコン」に手をつけるよりも第三階級から上の資産者たちに払わせればよいではないか、と。

実際、ペロポネソス戦役に敗れて以後のアテネは、しばしば、国庫がカラになるたびに臨時の増税で埋めていたのである。

資産、と言うからには、当時では不動産。アテネでは外国人には不動産の所有を認めていなかったので、その人々相手の賃貸し住宅が、中産階級の所得源になっていた。しかし、それに課されるようになった税金は、直接税になる。間接税の時代であった古代では、重税の印象は避けられなかった。

そのうえ、上流階級の富の源泉であった海外資産も、デロス同盟は昔のことになり、今やマケドニアが侵蝕《しんしょく》してくる時代になっては、減る一方である。つまり、すべての階層で、アテネ市民の経済力は劣化する一方であったのだ。

しかも古代人は、直接税は軍務に就くことで払うという認識が定着している。別名を「血の税」と呼ばれていたのもそれゆえであった。だからこそ、上流階級は騎兵で、中産階級は重装歩兵で、自分の国を守るために戦争に行ったのである。

第四階級の兵役忌避は、「テオリコン」の拡大解釈に要因があったが、兵役忌避は、その上の階層にも広まっていた。これも、当り前である。直接税を払わされるようになったのに「血の税」まで払うのでは、二重課税ではないかと思ったとて当然だ。

こうしてアテネは、ますます傭兵に頼るようになっていた。そしてそのための経費を税を上げることでまかなうのも、恒常的な現象になっていたのである。結果は、国の防衛力の劣化であり、経済力の衰退でしかなかった。

熱弁を振るったにもかかわらず、憂国の士デモステネスの提案は、一つとして実現しなかった。

毎年十人を選出しなければならないストラテゴスにも、一度として選ばれていない。同胞のこの冷たい反応に絶望したのか、デモステネスは、市民集会を舞台にする政治家よりも、広く市民に訴える言論人に一変する。『フィリッピカ』(Philippika）を書いては公表する、言論の人になったのだ。彼の想《おも》いを汲《く》んで意訳すれば、『フィリッポス糾弾の書』になる。

現代にまで遺《のこ》っているのは四編の『フィリッピカ』だが、そのいずれもが、ギリシア人のレトリックを駆使した傑作とされている。

デモステネスとて、政治家のペリクレス、歴史家のツキディデス、哲学者のプラトンと、言語を使っての表現力では他国人の追随を許さなかったアテネ人であった。糾弾が目的の書でも、優れた文章力で書かれるのは当然でもあったのだ。

その第一回は、テルモピュレーまで来ていながらフィリッポスが軍を退《ひ》いた翌年の、前三五一年に発表された。

デモステネスはその中で、勢力拡大に邁進《まいしん》中のマケドニア王に対しては、武器を手に闘うしか道はないことを、アテネ人に向って強く訴えたものである。

だが、この憂国の士の訴えは、返ってこない山びこに終わった。アテネ市民は、対マケドニアに起《た》つよりも、マケドニアとの和解のほうを選んだからである。

二度目の『フィリッピカ』は、七年後の前三四四年に発表された。四十歳になっていたデモステネスの筆力は、衰えるどころか一段と鋭さを増している。

二年前にアテネとマケドニア王との間に結ばれた講和条約には絶対反対の立場から、その破棄を強く主張した。この講和が成立したのが、フィリッポスがアテネの権益を〝尊重〟する代わりに、アテネは、テッサリア以北のギリシア全域がマケドニア領になるのを認めたものだったからである。

それに加えてデモステネスは、ペロポネソス半島のポリス間で生れていた反スパルタへの動きに対して成されたフィリッポスの側面援助にも、警鐘を鳴らしている。これもまた、暴君に利をもたらすことでしかない、として。

そのうえさらに、反デモステネス派の重鎮であり対マケドニアでは和解派であったアイスキネスを、裏切者とまで言って名指しで非難している。

だが、二度目のこの「糾弾」も不発に終わった。

三度目の『フィリッピカ』は、三年後の前三四一年に発表された。行動で表現できない想いのありったけを文章で爆発させたという感じで、悲観的色彩がますます強くなっている。

ただし、単に嘆き悲しんでいるのではない。デモステネスは、自分よりは二歳年下のフィリッポスの持つ力を、正確に理解していた。そして、このマケドニア王に対するギリシアの都市国家群の、政治的軍事的凋落《ちょうらく》ぶりにも眼をそらしていない。現在のギリシア人が陥っている苦境は、神が情容赦もなく人間を攻め立てているのに似ている、とまで言って。

それでもデモステネスは、絶望に沈むよりは悲痛な想いを爆発させずにはいられない。「フィリッポスの前にひざまずくよりは、一千回死んだほうがマシだ」と言うのだから。

四度目で最後になる『フィリッポス糾弾の書』は、このすぐ一年後に発表された。内容はいつもの如《ごと》くで、マケドニア王の勢力拡大への警鐘とそれに対してのアテネ人の決起を求めたものだが、唯一《ゆいいつ》の新味は、ペルシアとの同盟を提唱したところにある。オリエントの大国ペルシアと組むことで、マケドニアによる拡大路線を阻止すべきだ、とまで主張したからだった。

これは、高齢ということもあってアテネ人の間では誰よりも尊敬されていた、イソクラテスとはまったく反対の考えであった。八十六歳のイソクラテスは、ギリシアの将来はマケドニアにしかない、という考えの持主であったのだ。

こうも十年余りにわたって幾度となく名指しで糾弾されたフィリッポスのほうは、自分とは同世代のこのアテネの論客にどう対処していたのか。

少しも対処しなかったのである。マケドニアの首都ペラを訪れたアテネの使節団の中にデモステネスがいるのを知っていても、拘束するなどはもちろんのこと、意地悪な態度も示さなかった。

現代の研究者たちは、マケドニア王は『フィリッピカ』を読んでいなかったのではないかと言っている。

ギリシアのレトリックの傑作かもしれないが、デモステネスによる糾弾書は、力強くはあり怒りも伝わってくるのだが、アイロニーやユーモアとなるとひとかけらもないので、読んでいるうちに息苦しくなってくるのである。憂国の書、であることはわかる。だが、読ませる力まではあるかとなると、無いとするしかない。フィリッポスも、読み始めはしたのだが途中で投げ出した、のではないか。

いや、もしかしたら、四編ともを精読したかもしれない。

なぜなら、『フィリッピカ』全文には、前四世紀後半に入ったギリシアの諸ポリスのだらし無さが活写されているからである。

「糾弾の書」は発表しなくなったが、その後もデモステネスは、反フィリッポスで反マケドニアの言動はやめなかった。

フィリッポスが暗殺されたときは、暗殺者を賞《ほ》め讃《たた》えている。それどころか、フィリッポスの後を継いだ息子のアレクサンドロスにとっては体制内反対派になる、マケドニアの重臣の側にはっきり立つことまでした。

マケドニア憎し、では、一貫していたのだ。だが、フィリッポスも相手にしなかったがその息子も相手にしなかったので、憂国の士は生きのびたのだった。

死んだのは、紀元前三二二年、六十二歳の年である。死因は自殺。

自死を選んだのは、その年にアテネが、独立した都市国家としては死んだからであった。

暴君もその息子も放って置いてくれたからアテネは生きのびていたのだが、大王の死後その将軍たちは、放って置いてはくれなかったのだ。ギリシア中はその中の一人が治めるマケドニア王国に組み入れられ、都市国家《ポリス》アテネの生命もそのときをもって終わったからである。

このデモステネスが後世にも名を遺すことになったのは、ローマ人のキケロという、心酔者を持ったゆえであった。

デモステネスが自殺した年からは二百七十八年が過ぎた紀元前四四年、ローマでは、最高権力者であったユリウス・カエサルが暗殺された。カエサルによって治まってい た、内乱の再開である。

この年から始まった第二次と言ってもよい内乱は、カエサルを暗殺したブルータスとその一派に対し、カエサルの意を継ぐことを明言したアントニウス（クレオパトラとの恋愛で知られた）とオクタヴィアヌス（後のアウグストゥス）組の間で起ったのだった。

暗殺には直接に関与していなかったキケロだが、ブルータスを頭にした暗殺の実行犯たちの思想上の指導者とは見なされていた。そのキケロにとって、カエサル暗殺後のローマは、彼が望んでいたローマとは別のものになる一方であったのだ。ブルータスとその同志たちはギリシアに逃げてしまったので、ローマはカエサル派の天下になる。

哲学者兼政治家だったキケロは、それに抗議する声をあげたのだ。合計すれば十四編になる「糾弾の書」を、次々と発表していったのである。

それらを彼は、デモステネスの『フィリッピカ』の続篇という感じで『フィリッピケ』と名づけた。「暴君に抗して敢然と起《た》った自由の旗手」と彼もまた認じていたからだろう。

その内容は中傷や低次元の個人攻撃が多く品位に欠けるが、キケロのキャリアが、法廷弁護人としてスタートしたゆえかもしれない。

しかし、名指しで糾弾されたアントニウスは、放って置いてはくれなかった。アントニウス、オクタヴィアヌス、レピドゥスによる三者同盟が成立するや、粛清者名簿の筆頭に名を記されたのがキケロである。

六十三歳になっていたローマ一の論客は、フォルミアの地にあった別邸で、三者同盟から送られた兵士によって殺された。

その一年後、ギリシアの地、それもかつてマケドニア王フィリッポスが建てたために「フィリッポポリス」と呼ばれていた町の近郊で、反カエサル派とカエサル派の間で戦闘が行われ、自軍の敗北を知ったブルータスは自殺する。

その後につづいたアントニウス対オクタヴィアヌスの抗争に結着がつくのは、十一年後の前三一年。その翌年から、オクタヴィアヌスをアウグストゥスと改めた三十三歳によって、かつてはカエサルの頭にしかなかったローマの帝政がスタートするのである。ローマの「憂国の士」が声を張りあげてから、十四年しか過ぎていなかった。

それよりは三百年以上も時代が遡《さかのぼ》るギリシアでも、デモステネスによるフィリッポス糾弾の第一回が発表されたときから、そのフィリッポスがギリシアの全土を勢力圏に収めるまでに十四年間かかっている。単なる数の一致にすぎないが、その内実となると大変にちがった。

マケドニア王フィリッポスが、どちらかと言えば、敵失を待つタイプのプレイヤーであったからだ。そしてギリシアでは、聖地デルフォイをめぐっての神聖戦争が再開されていた。

今度も発端は、低次元もよいところの問題から起る。デルフォイを手中にしているフォカエア地方の人々が、アポロン神殿に預金されているカネを流用したというのだ。傭兵を傭うための金策に窮したあげく、神殿内にあった宝物や、貸し金庫内のカネにまで手をつけ、それに憤慨したテーベやその他のポリスが、デルフォイに向けて軍を進め始めた、というのだった。

これに対してフォカエア側は、再びスパルタに助けを求める。スパルタも、三千の兵士を北上させてきた。

一方、そのフォカエア勢が相手のテーベは、歩兵四千と騎兵五百でくり出す。

つまり、ギリシアの中南部全域が一触即発の状態になってしまったということだが、この状態をさらに悪化したのが、ペルシアによる介入だ。

都市国家《ポリス》時代も末期のこの時期のギリシア人たちは、盛期にはあった自助努力の気概まで捨て去っていたのであった。

ペロポネソス戦役にスパルタが勝利したのは、ペルシアからの資金援助があったたからである。ならば自分たちも、ペルシアに資金援助を要請しようではないかと、スパルタからの三千の出兵に危機感を持ったテーベが考えた。しかも、信じられないことに、ペルシア王はそれを受諾したのだ。早速、三百タレントを送ってきた。

ペルシア王の真意が、デルフォイの神聖の守護役をアッピールするテーベを助けることにあったのではない。ゾロアスター教の国ペルシアの王に、ギリシア人の信ずる神々への関心はない。

ペルシア王にとっての関心事はただ一つ、ギリシアの都市国家同士の争いがつづくかぎり、そのギリシア本土とはエーゲ海をはさんで向い合う小アジア西部にあるギリシアの都市や島が、ペルシア支配下にありつづけるということのみであった。

にもかかわらず、先にスパルタ、今はテーベと、ペルシアのカネ目当てのギリシアのポリスが後を絶たなかったのである。

この混迷は、何と三年間つづく。デルフォイをめぐって争う両派とも、決定戦には至らない小ぜり合いをつづけていたからだが、これにはアポロン神も怒ったとみえ、地震がこの地帯を襲った。だが、両派ともが武器を置いたのは、余震が落ちつくまでの間でしかなかった。

　この間、三十代に入っていたマケドニア王は、静観してばかりいたのではない。かつてはアテネの勢力下にあったトラキア地方への侵略を、着実につづけていたのである。

　アテネも、デモステネスの叱咤《しった》がなくても必死だった。トラキア地方の鉱山の権益がかかっているだけでなく、黒海からの小麦の輸入路までがかかっていたからである。あるときなどは、小麦を満載した帆船団もろとも、マケドニア側に捕獲されてしまうという事故まで起った。主食を輸入に頼るアテネにとっては、市場から食品すべてが姿を消す大事件になる。このマケドニア王の動きを止めるには、海軍を送ることで、アテネが、自国の食の安全保障を守り抜く意志を明確に示すことでしか実現できない。だが、デモステネスが主張する三百隻《せき》の三段層ガレー船の常備などは、前四世紀半ばのアテネには夢でしかなかった。

　なにしろ、商船はあっても軍船にはこと欠くアテネの現状を知るフィリッポスは、すぐに引き揚げたにしろ、アテネの領土であるアッティカ地方のマラトンに兵の一隊を上陸させることまでしていたのだ。

古代のマラトンは近代オリンピックのマラソンの語源になる海に沿う平原で、第一次ペルシア戦役当時、上陸したペルシア軍とそれを迎え撃ったアテネ軍の間で激闘が行われた地である。つまり、マラソン競技で踏破する四十キロ足らずの距離にまで、アテネはマケドニアに迫って来られたということであった。

神聖戦争もだらだらとつづいていたが、アテネとマケドニアの間の軍事・外交作戦のほうもだらだらとつづくのである。いかに食の確保という大事がかかっているとはいえ、講和のための交渉団をマケドニアの首都ペラに送り出すのは常にアテネで、その一人にはデモステネスも加わっていた。

「憂国の士」も、外交の場では役に立たなかった。十人で成る交渉団で常に強硬意見を述べるのは彼で、九対一になっても主張は引っこめなかったからである。

内部で分裂していては、相手側に足もとを見すかされる。アテネの有力者を総動員した感じの交渉団は、三十代半ばのフィリッポスに翻弄《ほんろう》される一方であった。あるときなどは、マケドニアの首都のペラまで行っていながら、王に会えるまでに五十日も待たされた。その理由がまた、トラキア地方の制圧に出向中というのだから、この地方の権益を守るのも目的の一つであるアテネ交渉団にとっては、何とも言いようのない待ちぼうけ、であったろう。

それでも、交渉団の中では誰よりも忍耐強かったフィロクラテスの努力のかいあって、前三四六年、マケドニアとアテネの間の講和は成立したのである。結局は数年しかつづかなかった講和だが、それによってアテネは、何を得、何を失ったのか。

まず、具体的な形で得たのは、マケドニア側の捕虜になっていたアテネ市民たちの帰国である。

マケドニア王はこの人々を、交渉団の要求したとおりに、守護女神アテナの祝祭日までには帰国させると約束し、それは実行された。

トラキア地方にある鉱山の採掘権も、従来どおりアテネ人にあると認める。ただし所有権はマケドニア王にあるのだから、私の想像では、収益は両者の分配になったのではないか。現代の石油会社と産油国の関係に、似た形ではなかったか、と思うのだ。

また、アテネにとっての食の補給路は尊重し、妨害行為はいっさい行わず、その海域に出没していた海賊退治にも協力する、と確約した。

その代わりアテネは、再領有が悲願であったアンフィポリスの町を、最終的に失うことになる。ペリクレス時代にアテネが開発し、トラキア地方の拠点にしてきたアンフィポリスがマケドニア王のものになるのを、公式に認めたのである。

そして、アンフィポリスがマケドニアに帰したということは、トラキア地方の南部と、そこからエーゲ海に三叉《さ》の鉾《ほこ》のように突き出しているカルキデア地方の全域までが、マケドニア王の領土になったということであった。

しかし、すでにアテネは、アンフィポリスを八十年も昔のペロポネソス戦役中に失っていたのである。その再復を八十年もの長きにわたって悲願にしてきたアテネのほうが、時代の動きを読んでいなかったとさえ思える。

悲願でありつづけたものだからその達成のために多くのことを犠牲にしてしまい、しかもその結果は全面的な放棄。

スパルタも変われなかったが、アテネも、過去に縛られるあまりに変われなかったことでは同じであった。

マケドニア王フィリッポスとアテネ側の交渉を追っていて面白いと感じたのは、三十代半ばでしかないマケドニア王が、アテネ人の経営能力を買っていたのではないかということである。

アンフィポリスは手中にしても、そこを中心にしてのトラキアやカルキデア地方全域での、アテネ人による経済活動の自由は完全に認めているのだ。

フィリッポスは、経済力の向上の重要性も知っていた統治者であった。

また彼は、文化の持つ力の重要さも知っていたようである。この三年後には、息子アレクサンドロスの家庭教師として、アテネのプラトン・アカデミーで二十年も学んだという、哲学者のアリストテレスを招聘《しょうへい》することになる。

もしかしたら、九十歳のイソクラテスが言ったという言葉のほうが、的を射ていたのかもしれない。それは、アテネの将来は、マケドニアの傘下に入り、その中でアテネの持てる力を発揮することにある、という言葉である。今風に言えば、ソフト・パワーで生きのびよう、ということになるのか。

しかし、当時のアテネ人は、そこまで腹をくくることはできなかったようであった。マケドニアとの講和をまとめて帰国した交渉団は、市民から拍手で迎えられた。市民たちは、マケドニアとの戦争が回避されたことだけで良しとしたのである。

交渉団に加わっていたデモステネスの強硬な反対をしりぞけて妥結に持っていったフィロクラテスも満足気で、デモステネスとの意見の衝突の原因を問われたときに、こう言ったという。

「わたしと彼の間で、考えが一致するはずもないではないか。わたしは葡萄酒《ぶどうしゅ》を好むが、彼は水しか飲まないのだから」

酒飲みが多数派のアテネ人には、水しか飲まない人は信用しきれない傾向があった。

ところがこの後、フィリッポスは、単なる三十男ではないことを示す。テルモピュレーに向けて、再度マケドニア軍を南下させてきたのである。

アテネ人は、成立させたばかりの講和の条項のどこにも、マケドニアの南下を禁じた項が入っていなかったことを、苦い想いで思い出すしかなかった。

テーベがいつ頃から、マケドニアに介入を要請していたのかはわかっていない。だが、介入を求めていたことは確かだ。ペルシア王からの資金援助もとどこおりがちで、おかげで「神聖戦争」の行方もまったく見えず、状況打開の必要を痛感していたのかもしれない。

しかしフィリッポスは、テーベ側につくとは明言しなかった。それよりも、仲介者の立場に立つほうを選んだのだ。

だらだらつづくばかりの戦争にうんざりしていたのは、フォカエア側も同じである。

つまり、マケドニアの介入は、敵味方の双方から歓迎されたのだった。

ただし、フィリッポスの真の意図は、神聖戦争の終結に力を貸すことを通して、ギリシアの中南部への本格的な進出にあったのはもちろんである。

それを、この時点で早くも見透したのは、常に沈痛な表情を崩さず、飲むのは水だけでいながら、糾弾の書『フィリッピカ』だけは発表しつづけていたデモステネス一人であった。

しかし、フィリッポスのほうも、テルモピュレーまで来ていながら、その後の動きは慎重だった。そのままギリシア中部に向けて軍事行動に入る、などということは絶対にしなかった。

アテネとは、講和によって一応は友好関係にある。

ペロポネソス半島の南端に引っこんでしまったスパルタは、問題にする必要はなかった。

遠く離れたペルシアとさえ、相互不可侵としてもよい条約を結ぶことさえもしている。

ギリシアの中小の都市国家に対しては、聖地デルフォイを守る意志を表明することによって、好感を得る戦法で臨んでいた。

それを信じたギリシア人は、フィリッポスを、デルフォイで開かれる競技会の主催者に推挙したのである。

ギリシアには昔から、ギリシア人だけに参加の資格がある、四大競技会があった。

最も有名なのが、主神ゼウスに捧《ささ》げられる、オリンピアで開かれる競技会。

次いでは、デルフォイで開かれる、アポロン神に捧げる競技会。

コリントで開催されていたのは、海神ポセイドンに捧げられたもの。

ペロポネソス半島のネメアで開催されるのは、ゼウスに捧げる競技会。

いずれも、四年に一度開催され、ギリシア人たるもの、戦闘は中断しても参加すると決まっていた。そして、この競技会の開催をまかされることは、大変に名誉な任務とされていたのである。

長く半蛮族の国と思われていたマケドニア王国に生れ、その王としてマケドニアのギリシア化に熱心であったフィリッポスのことだ。野望実現の手段の一つとはわかっていても、嬉《うれ》しい贈物ではあったにちがいない。

この時期、嬉しい贈物はさらに重なった。フィリッポスによる外交戦が功を奏して、と言うよりもデルフォイをめぐる争いを敵味方の双方ともに継続する気がなくなっていたとするほうが適切だが、「神聖戦争」もようやく終結する方向に向い始めたのである。テーベ側もフォカエア側も、デルフォイの神殿の運営はマケドニア王に一任することで、互いに手を引くと決めたからだった。

フィリッポスは、ギリシア人の信仰を集めること第一と言われた、デルフォイの神殿の守護者にまで収まったことになる。

テルモピュレーまで来ていながら引き返した年から、十年以上が過ぎていた。慎重にことを進めてきたフィリッポスも、四十代に入っていた。

しかし、オリンポス山の南に限ったとしても、これまでは敵無しの状態で来たフィリッポスに対し、このときになってスパルタとアテネに、反マケドニアの気運が頭をもたげてきたのである。

スパルタの反マケドニア気運はただ単に、マケドニアなどの台頭は認めないという、不機嫌と言うしかない感情にあったが、アテネのほうは実益がからんでいたので、不機嫌では済まなかった。

これまでは実に慎重にことを進めてきたフィリッポスだったが、アテネにはエーゲ海だけでなく、地中海の西方という市場《マーケット》もあることは忘れていたのかもしれない。コリント湾の出口に位置するナウパクトゥスに軍勢を送り、そこを占拠してしまったのである。これに、マケドニアとは講和を結んでいたアテネは、裏切られたと思ったのだった。

ナウパクトゥス（後代のレパント）はアテネにとって、西地中海に向うときの中継基地として、長年にわたって重要な役割を果してきた海港都市である。自国の商路、つまり市場《マーケット》がかかっていたのだった。

このような事情があって反マケドニア気運が高まったスパルタとアテネは、デルフォイで開かれるフィリッポス主催の競技会をボイコットする策に出る。

このときが、戦闘中であろうと武器はひとまずは置き、敵愾心《てきがいしん》などは忘れてともにスポーツを競うことで一貫してきたギリシアの競技会が、政治上の理由でボイコットされた最初の例になった。

まったくもう、と呆《あき》れ返る想いになる。

デルフォイとその周辺

民主政を創《つく》り出せば、衆愚政も創り出す。

市民全員の投票を実現すれば、不正投票も実現してしまう。

オリンピックを発明すれば、ボイコットも発明してくれる。

何かを創り出すからその裏面まで創り出すことになってしまうのだが、「ヨーロッパ」と名づけたらその向うは「アジア」と名づけたのに始まって、後世に生きるわれわれは、良いことも悪いことも、その多くを古代に生きたギリシア人に負っているのである。

哲学や科学や芸術だけが、ギリシアから始まったわけではないのだった。

それで、ギリシア人の歴史も、感心することと呆れ返ることのくり返しになってしまうのだが。


しかし、前四世紀半ばのこの時期のアテネでは、ボイコットしたくらいでは市民たちの怒りは収まらなかった。フィリッポス糾弾で一貫してきたデモステネスの執念がついに実を結んだかに見えたが、実際はその彼が説く方向には向わなかった。

まず、マケドニアとの講和をまとめあげたフィロクラテスが槍玉《やりだま》にあげられる。告発され裁きの場に引き出されることになったこの人は、他国に自主亡命することで、死刑を免れるほうを選んだ。

かと言って、デモステネスが長年にわたって主張してきた、アテネ自体の軍事力を強化することによってのマケドニアとの正面対決を覚悟したわけでもない。テーベと組んでの対決のほうを選ぶのである。

自力による再興よりも、三十年前とはいえスパルタを覇権国から突き落とした勝利の経験がある、テーベの軍事力に頼るほうを選んだのであった。

テーベのほうも、本心では、マケドニアの台頭に対して気が収まらないでいる状態では同じだった。

テーベは、「テーベの二人」と言われたペロピダスとエパミノンダスが活躍していた当時からすでに、テッサリア地方の領有を狙《ねら》っていたのである。

テッサリアは、テーベのあるボイオティア地方のすぐ北に広がっている。

「二人」が健在であった当時のテーベは、ボイオティアとテッサリアの両地方を合併してギリシア中部に一大強国を作ることを夢見ていた。

そのテッサリア地方は、今ではマケドニア王フィリッポスの傘下《さんか》に入っている。

こうして、ギリシア中央部の強国アテネとテーベが、急速に接近したのだった。

大軍勢の編成には、相応の期間が必要になる。ギリシア中央部に戦雲が広がっていく中で、二年が過ぎていった。

ギリシアの覇者に

四十四歳になろうとしていたフィリッポスにとっては、考えに考えを重ねる二年であったろう。

なにしろ、マケドニアの王位に就いてから二十二年目の彼にとっては、初めての本格的な会戦になるのだ。

しかも相手は、アテネあってのギリシア、とまで言われた全盛時代が長くつづいたアテネと、そのアテネに勝ったスパルタまでを敗北させたテーベである。

さらにそのテーベとアテネには、コリントを始めとした弱小ポリスも従《つ》いている。つまりマケドニアは、スパルタを除いたギリシア中南部の都市国家のすべてを、敵にまわすことになったのだった。

これまでフィリッポスが経験してきた戦闘の相手は、バルカンの内陸部に住む非ギリシア系の蛮族か、ギリシア人でも、政治体制も整っていないトラキア王国かテッサリア地方でしかなく、都市国家《ポリス》としての歴史が長いアテネやスパルタやテーベやコリントとは、戦場で向い合ったことさえもなかったのである。

フィリッポスが慎重にことを進めてきたからだが、それは即《すなわ》ち、戦闘に訴えなくてもここまでは来れた、ということである。だが同時に、これらの先進国相手の戦闘は未経験、ということでもあった。

未経験ということならば、最高司令官のフィリッポスだけではない。林立する長槍《サリサ》で巨大なハリネズミの観ある「ファランクス」も、それを率いる立場にあるパルメニオンも、未経験であることでは同様であった。

フィリッポスが考え、パルメニオンが育成してきた「ファランクス」からして、ギリシアの有力ポリス相手の会戦に投入されるのは、今回が初めてなのである。

だが、ここで退《ひ》いたのでは、オリンポス山の北まで退くことになるのだ。

とは言え、未経験だらけのマケドニア軍にも、有利は二つあった。

第一に、カネで傭《やと》われた傭兵《ようへい》を加えて多くの都市国家で成る連合軍に対し、マケドニアの兵士たちには、国民軍としてもよい一体感が強かったこと。

第二は、何もかもが未経験なので、相手側のように過去の成功経験に縛られる度合ならばゼロ、であったこと。

ただし、フィリッポス個人となると、第二の利点については、利点とははっきりと、認識していなかったかもしれなかった。

いずれにしても、マケドニア対ギリシア都市国家連合の衝突である、カイロネアで闘われることになる会戦とは、先進諸国に対する、つい二十年前までは後進国と見なされていた新興国との、正面切っての対決になるのである。

紀元前三三八年の夏、北から南下してきたマケドニア軍と、南から北上してきたギリシアの都市国家《ポリス》連合軍は、デルフォイの東三十キロに開けた、カイロネアの平原で向い合った。

テーベとアテネを主力にコリントやメガラを始めとする中小のポリスも参戦し、それに傭兵の五千も加えた都市国家連合軍の総計は三万五千。

一方、混じり気なしと言ってもよいマケドニア軍は、歩兵三万に騎兵二千の三万二千。

フィリッポスが王位に就いて軍事改革を始めた当初は歩兵一万に騎兵六百でしかなかったマケドニアは、二十年が過ぎたこの年、三倍の兵力を持つまでになっていたのである。フィリッポスが苦労の末に獲得してきたトラキアとテッサリアの併合も、マケドニア軍の強化に寄与していただろう。

ギリシア軍では、右翼に主戦力が配置されるのが慣例になっている。別名「名誉ある部署」と呼ばれていたくらいで、最高司令官も右翼に陣取る。

ポリス連合軍の右翼は、一万二千の兵で参戦するテーベ軍が占めた。指揮は、テーベ人のテアゲネス。

九千で参戦してきたアテネは、左翼にまわる。中央は、合計すれば九千になる、コリント以下の中小のポリスから送られてきた兵士たち。傭兵の五千は二手に分けられ、右翼と左翼の後方に配置された。

そして、中央と左翼に傭兵を加えた総計二万を越える軍勢の指揮は、アテネ人のカレーテスとリシクレスの二人に託された。その理由は二つ。

第一は、民主的にことを決めるのにこだわったアテネの市民集会が、一人だけに託すのを嫌ったこと。

第二は、一人でも信頼して託せる武将が、アテネにはもはやいなかったこと。

このポリス連合軍に対するマケドニア軍は、右翼・中央・左翼という、ギリシア軍の伝統的な布陣を踏襲していない。

三万になる、「ファランクス」に軽装歩兵を加えた軍勢は二分され、右半分は、近衛部隊に囲まれた王のフィリッポスが指揮をとり、左半分はパルメニオンに託された形になっていた。

そのマケドニア軍の最左翼に配置されたのは、騎兵の二千。指揮は、十八歳になったばかりのアレクサンドロス。テッサリアからの騎兵も加わっていたから、生粋のマケドニア騎兵は、一千を割っていただろう。

ギリシアでは、二十歳が兵役開始の年齢とされている。いまだ未成年の十八歳でも徴兵されるのは、よほどの緊急時か、多方面への戦線展開で兵力が足りなくなった場合に限られていた。

図①に示された開戦直前の布陣から見ても、フィリッポスは息子に、左翼を一任したのではないことがわかる。

研究者たちも、予備軍あつかいであった、と言っている。つまり、十八歳は、ベンチ要員と見なされていたのだ。

実際、父親は息子に、命令があるまでは絶対に動くな、と厳しく命じていた。

当然でもある。アレクサンドロスにとってはこのカイロネアが、文字どおりの初陣《ういじん》

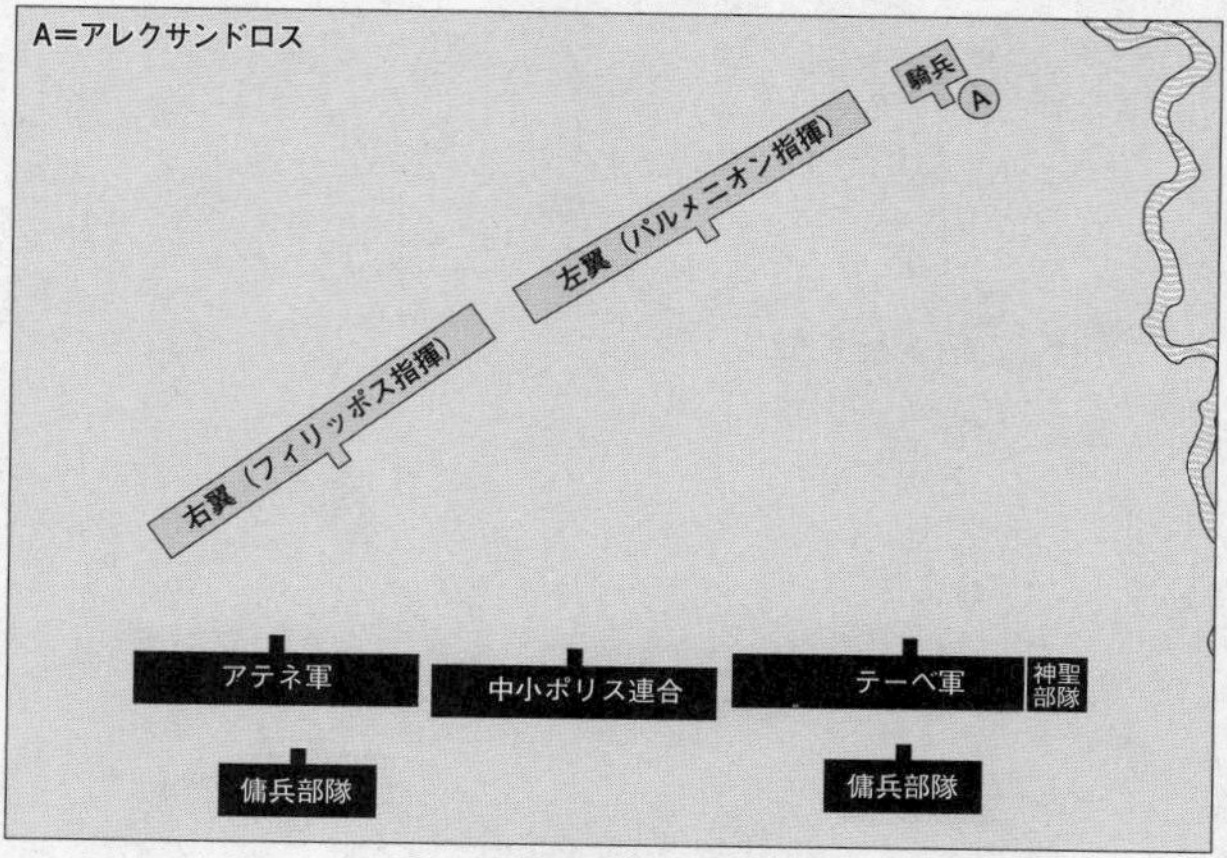

カイロネアの会戦①

であったのだから。

紀元前三三八年の八月二日の会戦の舞台になるカイロネアの平原は、戦場としてならば、ポリス連合側に有利な地勢を恵んでいた。

左側には低い丘陵があり、右側は蛇行する川にはさまれた三キロ四方の平原であったからだ。北上してきたために自然にその地勢に布陣するようになったからだが、左翼を占めるアテネ軍にとっては高所から低所に向けて攻め下る形になり、右翼に陣取るテーベ軍は、川があることによって、敵の左翼に陣取る騎兵団の攻撃から守られるという利点があったのだ。

そのうえ、テーベ軍の最右翼には、三

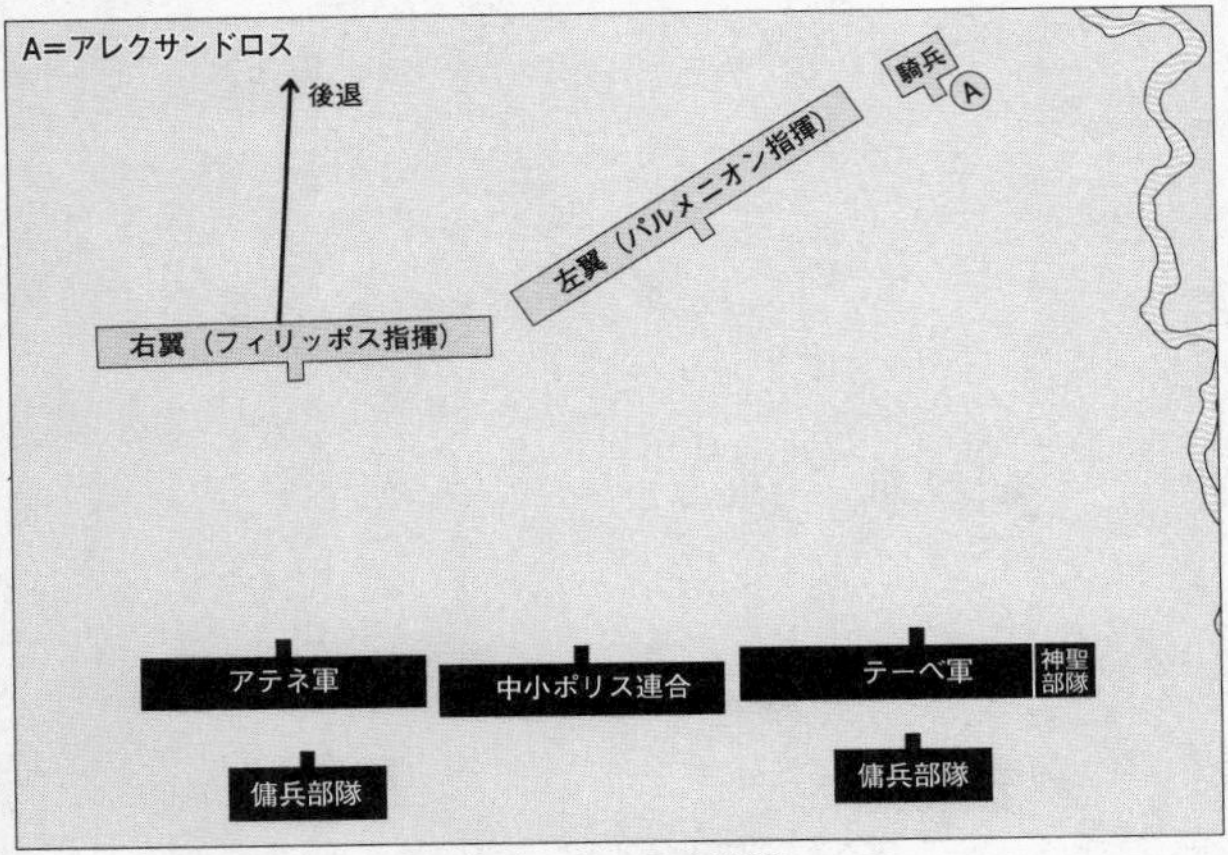

カイロネアの会戦②

十三年前の「レウクトラの会戦」でスパルタを覇権国の地位から突き落として以来不敗を誇ってきた、「神聖部隊」の三百が控えている。

いかに高所から攻め下るという利点があっても巨大なハリネズミに向わねばならないアテネ軍よりも、テーベ軍の守備は鉄壁と言えた。

北から南下してきたために一見不利なこの地勢に布陣するしかなかったとはいえ、四十四歳になっていたフィリッポスもそれへの対策は考えていたのだ。

こうして、紀元前三三八年の八月二日、ついに戦端が切られる（図②）。

フィリッポスが、自ら率いる右翼に命

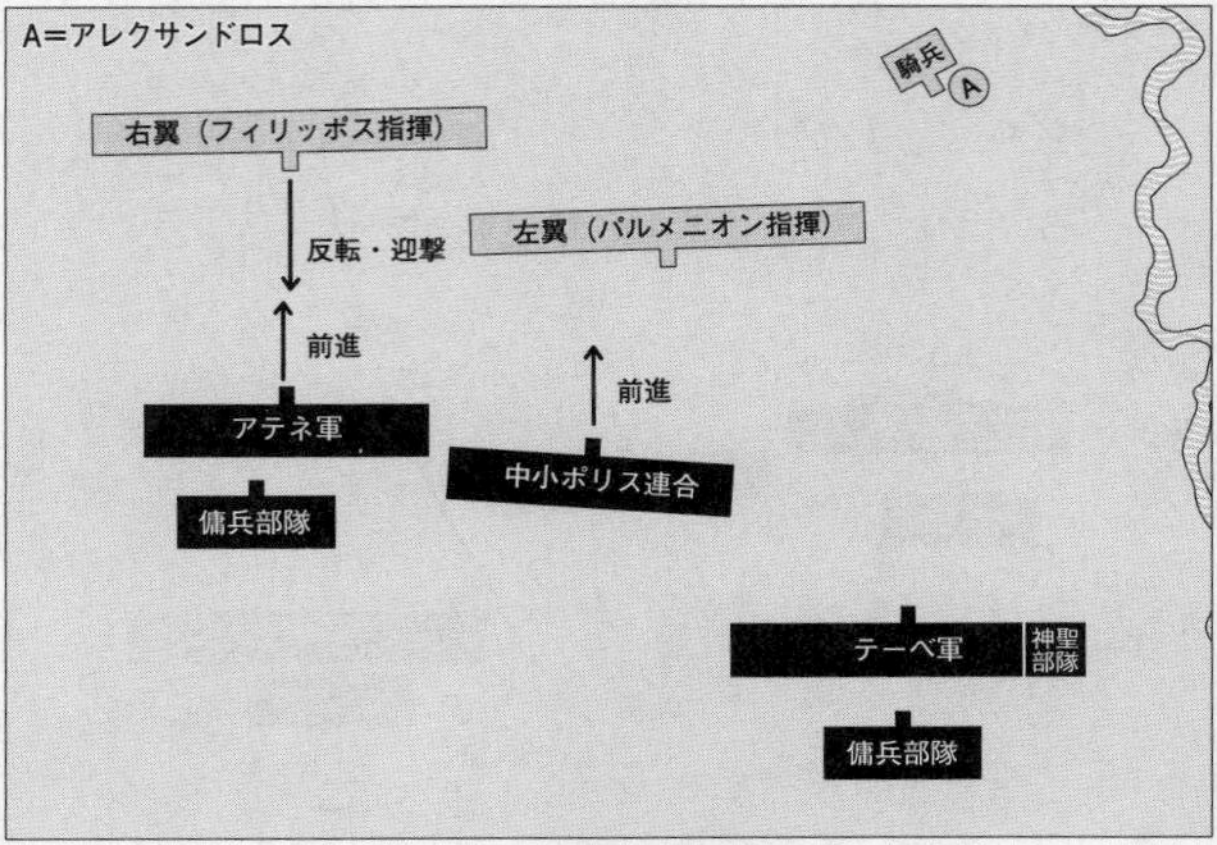

カイロネアの会戦③

じたのは、ハリネズミの形は崩さないままでの後退である。それも、敵の攻勢を受けかねているかのように見える形での、少しずつの後退であった。

六メートルを越える長さの「サリサ」を、右手と、内側にある輪に通したとはいえ盾を持つ左手で、指定された角度でささえながらの後退である。ベテランともなれば二十年に及ぶ訓練と実戦で、マケドニアの「ファランクス」は、王の命令を見事に果しつつあった。

その「ファランクス」を見たアテネ軍の指揮官は一段と声を張りあげた。「その勢いで敵をマケドニアまで追い返せ！」と叱咤激励したのだった。

だが、そのアテネ軍の誰一人として、

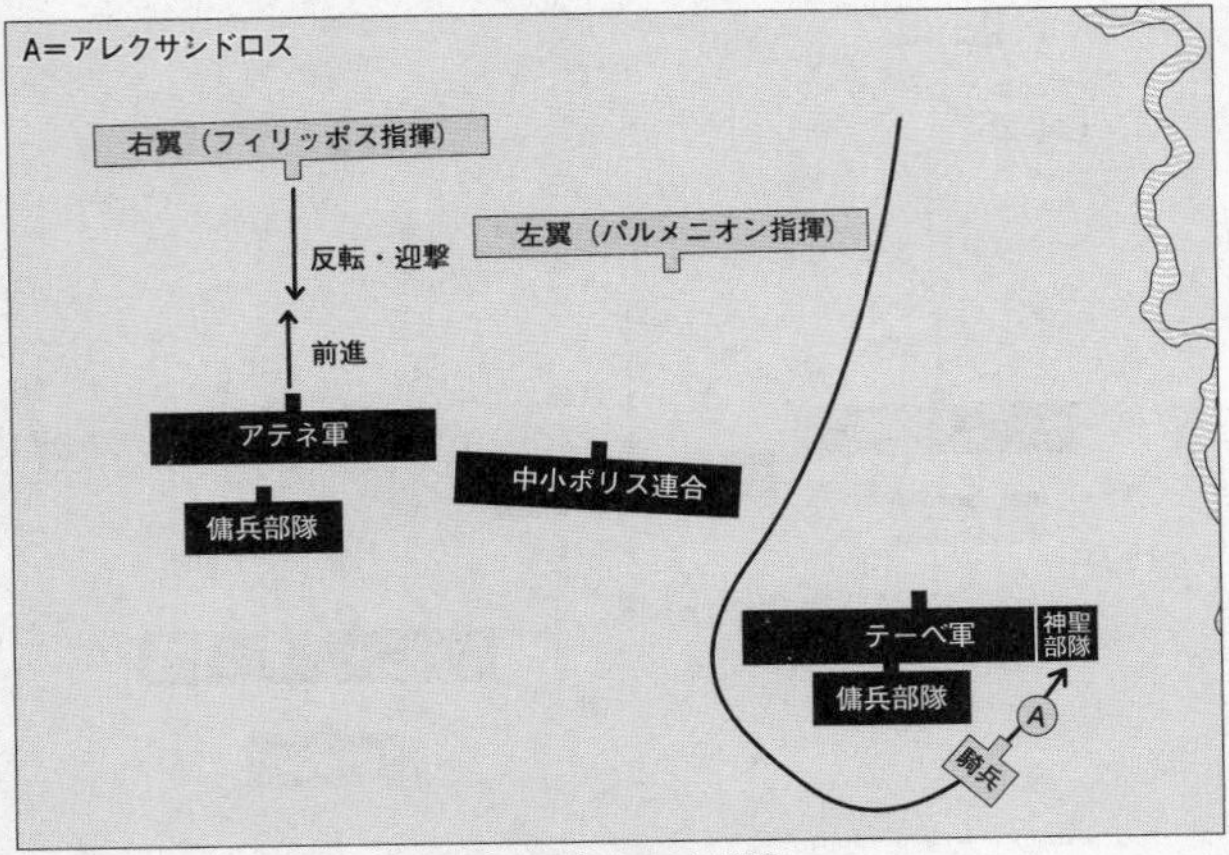

カイロネアの会戦④

自分たちが高所から低所に降りてしまったのに気づいた者はいなかった。

そのとき、フィリッポスの、止まれ、の命令が発せられる。後ずさりから解放された「ファランクス」とアテネ軍は、このときから接近戦に入った。「サリサ」の威力が、初めて発揮される段階に入ったのだ（図③）。

こうして、アテネ軍の左翼とマケドニア側の右翼、と言うより右半分、の間で激闘が始まった。

そのうえ、「ファランクス」の後ずさりに刺激されたのか、ポリス連合軍の中央までが、その激闘に加わり始めたのだ。

研究者たちは言う。この段階までは、

両軍ともが、自分たちの勝利を信じていた、と。

動かなかったのは、ポリス連合軍の右翼に陣取っていたテーベ軍である。また、パルメニオン率いる「ファランクス」の半分も、まだ動いてはいなかった。

布陣図を書くときに、右翼・中央・左翼と分けて書くのは、わかりやすくするためでしかない。

実際の陣型は、後世のわれわれが書くようには、はっきりとは分れていない。各隊の間には少々の間隔は置かれているが、敵味方が数キロも離れて布陣している戦闘開始前には、横一線にしか見えない。

肉眼でも、と言っても当時は肉眼で見るしかなかったのだが、その肉眼で、どこまでが敵の右翼で、どこから敵の中央になるかは、両軍の距離が一キロを割るまでは絶対にわからない。

それが、フィリッポスによる後ずさり作戦とそれに乗ってしまったアテネ軍の前進によってわかり始めるのだ。それは、最左翼にしりぞけられていたアレクサンドロス率いるマケドニアの騎兵団と、これに対応するテーベ軍との間が縮まったときになる。

つまり、それまでは離れていたのが、距離が縮まった「とき」であった。

また、横一線にしか見えなかった敵の陣型が右翼・中央・左翼と分れて見えるようになるのは、戦闘が始まって以後になる。兵士とはごく自然に、戦闘開始になるや自分の属す隊ごとに固まるものだから。

十八歳は、この「とき」を逃さなかった（図④）。

突破口がどこに生れたかを、見逃さなかったのである。

しかし、父王からの命令はなかった。おそらくアレクサンドロス自身も、勝機を前にして、父の言ったことなどは忘れてしまったのだろう。

「つづけ」などと叫ぶ必要もなかった。先頭に立って馬を走らせるアレクサンドロスに、まずマケドニアの騎兵がつづく。同時に、テッサリアの騎兵たちもつづいた。

合計二千の騎兵が戦場をななめに走り抜け、ポリス連合軍の右翼と中央の間にわずかに開いた谷間を駆け抜け、右翼を守るテーベ軍の背後にまわりこんで行ったのである。

鐙《あぶみ》を知らない古代では、馬を駆る姿も、競馬の騎手のような前傾姿勢にはならない。馬上では、背はまっすぐで足は下がったまま。アメリカ映画に出てくるインディアンに似た形になる。

その姿勢で戦場を駆け抜け敵に接近すれば全力で槍を投げつけるのだから、騎兵とは、馬に乗り慣れた者にしかできない戦力であった。

二千の騎兵が一団となっての突撃は、他の兵士たちにも影響を与えずにはおかなかった。

パルメニオン指揮下の「ファランクス」も、すでに始めていた前進の速度を一段と上げたのである。

さらに、それまでは接近戦で押し合いへし合いでつづいていた、フィリッポス率いる「ファランクス」の動きまでが活潑《かっぱつ》になる。カイロネアの戦場全体が、激闘の場に一変した。

速攻一本で行く十八歳とそれにつづくマケドニアの騎兵は、テーベ軍の背後にまわっても動きを止めず、そのまま、テーベ軍の最右翼に陣取っていた「神聖部隊」に突っこんでいった。

三十年にわたって不敗の勇名に輝いていたテーベのエリート部隊は、このとき全滅する。三百人の全員が、胸を投げ槍で貫かれて死んでいた、と史書は伝えている。

紀元前三三八年八月二日に闘われた「カイロネアの会戦」は、マケドニア側の大勝で終わった。

一万二千で参戦したテーベ軍で、生き残れたのは十分の一にすぎなかった。

九千で闘ったアテネ軍は、一千人もの戦死者を出し、二千人以上が捕虜になった。

マケドニア側の死傷者がどれくらいであったかを、記した史料はない。古代の史書には、記すまでもない数だと記さない場合が少なくない。

いずれにしても、ギリシアの都市国家のほとんどを敵にまわして闘った、マケドニアの完勝であった。

だが、勝利の美酒に酔いながらも、フィリッポスの胸中は複雑ではなかったか。

もしも最後までフィリッポスの考えた戦略でつづいていたとしても、「カイロネアの会戦」は、マケドニア側の勝利で終わっていただろう。兵士一人一人の「質」と指揮系統の明確化の差は、歴然としていたのだから。

しかし、そうなった場合でも、戦闘は長時間にわたり、敵だけでなく味方の犠牲者の数も増えていたにちがいない。

それが、アレクサンドロスが突っこんで行ったことで、戦況が一変する。

速攻とは、戦闘時間の短縮だ。戦闘時間が短くなれば犠牲者の数も減ってくる。しかも、その結果は大勝。

フィリッポスの心境は、自分が命じたわけでもないのに勝手に飛び出し、三点つづけてゴールを入れて勝った試合の、ルーキーもいいところの控え選手に対する、監督の想《おも》いに似ていたのではなかったか。

「鳶《とんび》が鷹《たか》を生む」と、日本では言う。

フィリッポスは、並の鳶ではなかった。だが、月並の鳶ではなかったからこそ、飛び始めたばかりでまだ荒けずりの、タカの威力を見抜いたのではないだろうか。

味方の損失が少なくて済むということは、実に重大な利点なのである。

兵士たちの一人一人が、自分は無為に死ななくてもよいのだ、と思うようになる。

犬死にしなくてもよいと思えば、一人一人の士気もあがってくる。

これを、並のリーダーではなかったフィリッポスが、わからなかったはずはない。

だがフィリッポスは、マケドニアの王であった。後進国にすぎなかったマケドニアを、ここまで大成させたという自負もある。初陣にもかかわらずその能力を見せつけた息子を、父親としてならば、誇らしく思ったろう。

しかし、彼はまだ、四十四歳だ。そして今や、ギリシア第一の権力者であった。そして、カイロネアでは最高司令官であった彼には、アレクサンドロスの処遇を明らかにすることが先決した。

父親の、息子への罰の与え方

最高司令官の厳命を無視して突撃したのだから、軍規上では厳罰に値する。とはいえ、勝機をつかみそれを徹底的に活用することで勝利に持っていったのがアレクサンドロスであることは、マケドニア軍では一兵卒でも知っていた。

四十四歳の父親は、十八歳の息子に次のやり方で罰を与えたのである。

それは、アテネ軍の戦死者たちを火葬にした遺灰を入れた壺《つぼ》を持ってアテネに向い、それを王の命じたことであると言ってアテネの政府に渡すこと、であった。十八歳は、即答で受諾した。

カイロネアで勝った後のマケドニア軍が今にもアテネを攻めてくるかと、アテネ中が殺気立っていた時期である。

父親は息子に、次のことも命じていた。

アテネまでは兵士の一隊を連れて行っても、アテネの城門からは一人で入ること。短いマントと胸甲と具足までは着用を許すが、兜《かぶと》もなし、剣も槍も持たずの無防備で、しかも弔《とむらい》の意を表するために足は裸足《はだし》で行くように、と。

敗戦で血走った誰かが、槍を投げてくるか、剣で斬《き》りつけてくる危険は充分にあった。

だが、遺灰を入れた大壺を両手で捧げ持つ若者が歩む道の両側を埋めた群衆の誰からも、怒りの声も口汚くののしる声もあがらなかった。

アテネの人々の表情は固かったが、それは自分たちを襲った不幸への悲哀と、勇気ある若者に対する少しばかりの讃嘆が混じった感情のあらわれであったかもしれない。

十八歳はその中を、アクロポリスまでの長い道を行き、そこで待つ政府の人々に壺を手渡し弔いの言葉を述べた後、来た道を再び確かな歩調でもどって行った。

敵中に突っこんで行くに優るとも劣らない、冒険ではあった。

しかし、フィリッポスが息子にアテネへ遺灰を持って行かせたのは、息子に罰を与えるだけが目的ではなかったのだ。

アテネを、味方に引き入れるつもりでいたからである。

役目を果した息子が無事もどって来た直後に、捕虜の中にいたアテネの有力者にマケドニアの高官二人をつけて、アテネに送っている。新たなアテネとの、講和のためだった。

マケドニア側に捕われていた二千人の捕虜全員の即時帰国だけが条件という、アテネにとっては想像もしていなかった好条件の講和である。アテネ市内にマケドニア兵を駐屯させることなど、申し入れさえも成されなかった。

攻めて来られるかと戦々恐々としていたアテネ人は、この講和の申し出にとびつく。デモステネスのフィリッポス糾弾の声にも、耳を傾ける者はいなかった。

ちなみに後世からは「憂国の士」とされるデモステネスだが、四十六歳になっていたこの人も、カイロネアの会戦には参加している。おそらく騎兵としての参戦であったと思われるが、それだけに逃げ足も早く、捕虜にもならずにアテネに逃げ帰っていた。

しかし、カイロネアでの司令官の一人に、敗北の罪をかぶせて死刑にしていたアテネ人だ。その任に選ばれていなかったので敗戦の責任を取らされることはなかったが、声に耳を傾ける人もいなくなっていたのである。

二度目になるマケドニアとアテネの間の講和は、簡単に成立した。今度ばかりはアテネも、姑息《こそく》な条件はつけなかったからだ。平和到来に狂喜したアテネ人は、フィリッポスとアレクサンドロスに、アテネの市民権を授与することを決めたほどであった。

こうも寛大な待遇に浴したアテネに対し、一方のテーベに対しては、フィリッポスは、勝者の権利を存分に使った厳しい処置で臨む。

都市国家としての存続は認められた。だが、テーベの有力者の全員は死刑に処され、その家族は奴隷《どれい》に売りとばされた。

「神聖部隊」の再建も許されなかったので、テーベの軍事力は無に帰したも同然。

それどころか、テーベ市内にある城塞《じょうさい》に、マケドニア兵の一隊が常駐することも飲まされた。

市街地全体を囲む城壁は、アテネにしかなかったのが当時のギリシアである。それでは多くの点で不都合なので、都市国家ならばどこでも、市内に建てた城塞があり、敵が攻めてきたときはそこにこもって抵抗をつづけるのが当然とされていた。

市内の城塞とはどのような感じのものであったのかだが、モスクワのクレムリンを思い起せばよい。あれほど巨大ではなくても、与える印象ならば似ていた。

また、ギリシアの都市国家《ポリス》の強国にはスパルタもあったが、ペロポネソス半島の南端に引きこもってしまったスパルタを、フィリッポスは、問題にするに値しない、と見ていたようである。マケドニア側からのスパルタへの働きかけは、まったく成されていない。

前三三八年の秋、マケドニア王が召集した汎《はん》ギリシア会議が、コリントで開かれた。スパルタ以外のすべてのポリスが、コリントに代表を送ってきた。

そこでのフィリッポスは、単なる議長ではなかった。カイロネアでの勝利が彼に、

〝生徒〟に対する〝教師〟の立場を与えていたのである。つまり生徒たちは、教師が読みあげることを筆記するだけ、というわけだった。

しかし、マケドニア王は、ギリシアの中南部をすべて、マケドニアに併合することなどは求めなかった。

それどころか、各都市国家の独立は完全に認めたうえでの「連邦」、英語で言えば「コンフェデレーション」、の結成を提唱したのである。

〝教師〟が読みあげる提案の細部を、〝生徒〟たちは筆記していった。

一、各都市国家《ポリス》は、連邦に、その国の力に応じた数の議員を送る権利を有する。

二、これよりギリシアでは、連邦に加盟しているポリス間の戦闘行為は全面的に禁止。防衛も、同盟関係でもある連邦全体で行い、各ポリスはそれに、国力に応じた兵力を送る義務を負う。

三、連邦に加盟しているポリスの住民で、外国の傭兵になったり、それによって連邦に敵対する行為に出た者は、ギリシア人全体への裏切者と見なされ、国からは放逐され、財産は没収される。

四、連邦は、加盟国すべての国境とその政治的独立を、尊重する。

五、いかなるポリスも他のポリスに、年貢金《ねんぐ》を要求したり、国内に基地を置くことを求めることは認められない。

例外は唯一《ゆいいつ》、その地が連邦全体の防衛にとって、戦略的に重要であるとされた場合にかぎる。

六、海は、すべての人に開かれる。

通商の自由は完璧《かんぺき》に保証されねばならず、海賊は全員の敵として対処さるべきこと。

七、ギリシア連邦の軍の総指揮は、マケドニア王フィリッポス二世に帰し、王は、連邦会議召集の権利も有する。

八、聖地デルフォイをめぐっての争いのような事例は、これ以後は連邦の最高裁判所に訴えることでの解決を期すこと。

もしもこの内容での合意でつづいていたとしたら、ギリシアは、ペルシア軍に侵入されて迎撃に起《た》った百五十年昔に一度だけ実現した、全ギリシアの団結を再現することになったのである。

ペロポネソス半島の南に引きこもってしまったスパルタを除けば、ギリシアの都市国家《ポリス》すべてが合意したのだから。

しかし、多くの国を集めて成立する同盟には、全員が納得できる目標が欠かせない。コリント会議の最後に、フィリッポスはその「目標」を読みあげた。

ペルシア王国への進攻とその征服、がそれである。

今ではペルシア王の支配下にある、エーゲ海の向う側に住むギリシア人の解放は、これまた百五十年昔に生きた、アテネ人のテミストクレスがかかげた目標でもあった。あのときは現実化できたが、今度も現実化しようというわけである。

もちろん、遠征軍を率いて行くのは、マケドニア王のフィリッポスに決まっている。その事前準備のために、パルメニオンとアッタロスの二人をアジアに派遣することさえもした。

離婚・再婚

ひとまずの戦後処理は終えて首都のペラに帰国したフィリッポスが、凱旋《がいせん》後にやったのは、長年の妻であったオリンピアスを離婚したことであった。

そして、ほとんど間も置かずに、娘ほどの年齢のクレオパトラと結婚した。高官アッタロスの、姪《めい》であったらしい。クレオパトラという名も、フィリッポスやアレクサンドロス同様、マケドニアの上流層には多い名である。


王の結婚を祝う祝宴は、カイロネアでの勝利の興奮も消えていない時期でもあり、首都のすべてを巻きこんだ豪勢なものになった。

母への処遇に憤慨していたアレクサンドロスだが、祝宴には出ていた。

その中で、王妃の伯父という、王とは縁つづきの関係になったアッタロスが、葡萄《ぶどう》酒《しゅ》の入った杯《さかずき》を手にしながら、列席の人々に、乾杯を求めて言った。

「われらの王が、純血のマケドニア人の世継ぎを得られるよう願って乾杯！」

こう言ったアッタロスに向って、アレクサンドロスが、手にしていた葡萄酒の入った黄金の杯を力いっぱい投げつけた。

当った、とは、史書は書いていない。だが、後の彼から推測しても、直撃はしたのではないか。少なくともアッタロスは、酒びたしになったことは確かだった。

オリンピアスとフィリッポス

アレクサンドロスが、父の高官の無神経な言葉に怒ったのも無理はなかった。彼の母オリンピアスは、マケドニアにとっては他国になる、エピロスの王女である。その母から生れたアレクサンドロスは、今風に言えば合いの子《ハーフ》で、純血のマケドニア男とは言えなかったのだった。

だが、フィリッポスのほうも怒っていた。どのように怒ったかも史家は伝えてくれていないが、アレクサンドロスのほうは、父親の怒声を背に浴びながらも平然と広間から出て行き、その彼に友人たちもつづいた。

しかも、祝宴が開かれた広間から、出て行っただけではない。王宮からも出て行ったのだ。つまり、〝家出〟したのである。

そのうえさらに、離縁された母がもどっていた、エピロスの王宮に向ったのでもなかった。マケドニア王国の北に住む蛮族の、イリリア族の地に行ってしまったのである。学友仲間としてよい若者たちを引き連れての、家出を敢行したのだった。

父親がこの息子を、どう思っていたかは知られていない。

本心では、このまま放って置きたい、と思っていたかもしれない。だが、放置しつづけるのは許されなかった。イリリア族は、あいかわらずマケドニアの権威に服そうとしない蛮族である。その蛮族をアレクサンドロスが率いるとしたら、と考えるだけでも悪夢であったろう。

しかし、フィリッポスには、解決しなければならない重要な課題が控えていた。アテネやテーベに対する処遇は、戦後処理の前半でしかない。ギリシアの都市国家すべてを相手にしての本格的なギリシアの再編は、先送りは許されない重要問題であったのだった。

年が代わって紀元前三三六年、フィリッポスにとっては運命の年が訪れる。彼も、四十六歳になっていた。王位に就いてから、二十三年が過ぎようとしていた。

暗殺

オリンポス山の南に進出してくるまでのフィリッポスの近隣諸勢力への外交は、蛮族には軍事力で、一応にしろ文明国に対しては、結婚することでの縁戚《えんせき》関係をもつやり方で、と使い分けてきた。

オリンポス山の北にある一応の文明国は、マケドニアの西隣りに位置するエピロス王国だけである。オリンピアスは、そのエピロスの王女だった。マケドニアの王にとっては、彼女を離婚したままでは済まなかったのだ。

それでフィリッポスは、エピロスの現在の王と自分の娘が結婚することで、離婚で切れていた縁戚関係を再構築しようと考える。

エピロスの現王は前妻オリンピアスの弟だから、息子アレクサンドロスには叔父になる。その王に嫁ぐクレオパトラは、アレクサンドロスの実の妹にあたった。

マケドニアの首都ペラの王宮で行われた結婚式とそれを祝う宴《うたげ》には、こういうわけで、〝家出〟していたアレクサンドロスも列席していたのである。

その席で、またも父と息子は衝突した。

何が発端になったのかははっきりしない。

ただし、怒り狂ったのは父のほうで、剣を手に起《た》ちあがって息子に向って来たのだが、その夜は相当に飲んでいたらしい。

酔っ払っていたため、二、三歩近づいただけで転んでしまった。

息子は、手を貸しもせずに立ったまま、その父を見降ろして冷たく言った。

「ヨーロッパからアジアに向おうと言っている人が、数歩行くのにこの有様だ」

そう言っただけで、またも仲間たちを引き連れて広間から出て行った。

どうやら、出て行ったのは祝宴が開かれていた広間からだけで、家出までは再開されなかったようである。変事が起ったときには、首都にいたのだから。

紀元前三三六年の七月、今ではギリシア全域の支配者になったマケドニア王フィリッポスは、首都にある劇場に向っていた。常と同じに近衛《このえ》兵《へい》の一隊に守られてではあったが、向う先が劇場なので、警護の兵士たちも、いつもよりは離れた距離から従《つ》いていく。

一人で行くフィリッポスの前に、物陰から突如現われた男が、剣を手にして全身でぶつかってきたのである。

マケドニア王は、声をあげる間もなく殺された。犯人は、駆けつけた近衛隊の兵士たちによって、これも声を出す間もなく串刺《くしざ》しにされる。近衛隊の一員であった、パウサニアスという名の男だった。


この王殺しを裏にいて糸を引いていたのは誰か、については、古代がつづいていた間中、さまざまな説が出ては消えた。

だが、相当に早い段階で、息子のアレクサンドロスとした説は消える。

アレクサンドロスは、隠れて何かをすることはなかった男だった。利になるとわかっていても夜襲に訴えることはせず、陽の下での正々堂々の挑戦を、常に選んできた男である。王に近づける近衛兵の一人を使っての父親殺しなどは、絶対にしなかったろう。倫理《モラル》にもとるからというよりも、気性的にできないのだ。


古代の史家たちの何人かは、離婚されたのを恨んだオリンピアスが、糸を引いた結果だとしている。

だが、アレクサンドロスの母親は、気の強い女ではあったが、深謀遠慮をめぐらすほどの知力の持主ではなかった。

ここは、古代の史家たちの半ばの推測のほうが、真相に近いのではないか。

つまり、パウサニアスの私憤《しふん》による犯行、であったとする説である。

近衛兵であったパウサニアスには、美しい若者の愛人がいた。その若者を高官のアッタロスが追いまわし、ついに想いは遂げたのだがすぐに捨てた。つまり強姦《ごうかん》した後で捨てたということだが、それによって若者は、精神の変調をきたしてしまう。これに憤《いきどお》ったパウサニアスは、近衛兵とて毎日顔を合わせている、フィリッポスに訴えた。

ところが王は、自分の高官のこととて耳も貸さない。話を聴かないどころか、怒って追い返すことが重なった。これが近衛兵の、アッタロスへの怒りをフィリッポスに向けさせてしまったのである。

そのようなことで王殺しという大事の決行に踏み切れるのか、と思う人がいるかもしれない。普通ならば、踏み切らない。

だが、殺意には、客観的な基準は存在しないのである。

多くの人にとっては、怒りに駆られても殺すまでには至らない。だが、そこまで行ってしまう人もいるのである。警察による初動捜査がしばしば誤るのは、まさかその程度の動機で殺人を犯すはずはないだろう、と思いこんでしまった場合である。

いずれにしても、マケドニア王フィリッポス二世は死んだ。四十六歳の死であった。その後を継いだのは、息子のアレクサンドロスである。

だが、忘れてならないのは、マケドニアは王国でも、その王は、家臣たち、と言うより事実上は有力武将たち全員の投票で決まるということである。世継ぎに生れたからと言って、自動的に王位に就けるわけではなかった。

アレクサンドロスも、彼ら全員の選挙によって、マケドニアの王位に就いたのである。

二十歳になったばかりの、若き王の登場であった。

フィリッポス二世の死だが、四十六歳で世を去ったのには同情しても、なぜか、残念という想いにはならない。

この時期に退場したのが、息子にとって良かっただけでなく、父親にとっても良かったと思うのだ。

これ以上生きていたとしても、この父と息子はいずれ、正面から激突していただろう。

それが避けられたのは、父と子にとって幸いであっただけでなく、ギリシア全体にとっても幸いであったと思う。

有力者の間でのバトンタッチは、両人ともの能力が高ければ高いほど、実にむずかしいバトンタッチになる。

これに成功した例は、歴史上でも実に少ない。

四十六歳がそれを望んでいなかったのは確かだが、結果としてはバトンは、二十歳に手渡されたのであった。


（第4巻に続く）

p. 173　ヴァチカン美術館蔵（ヴァチカン)、© De Agostini Picture Library / A. Dagli Orti / Bridgeman Images
p. 178　画：畠山モグ
p. 180　同上
p. 189　フィッツウィリアム美術館蔵（ケンブリッジ)、© Fitzwilliam Museum, University of Cambridge, UK / Bridgeman Images
p. 209　ローマ時代の模刻、ヴァチカン美術館蔵（ヴァチカン)、© Erin Babnik / Alamy Stock Photo
p. 259　フィッツウィリアム美術館蔵（ケンブリッジ)、© Fitzwilliam Museum, University of Cambridge, UK

地図作製：綜合精図研究所（p.15, p.34, p.59, p.75, p.94, p.103, p.106, p.115, p.123, p.137, p.149, p.163, p.193, p.233)

参考文献は最終巻巻末に示す。

図版出典一覧

口絵　デルフォイの御者像：デルフォイ考古学博物館蔵（デルフォイ）Public Domain by Panegyrics of Granovetter, Public Domain by Raminus Falcon／アテネの重装歩兵アリステイオンの墓碑：アテネ国立考古学博物館蔵（アテネ）© Bridgeman Images／モティアの御者像：大英博物館蔵（ロンドン）Public Domain by Carole Raddato／瀕死の戦士：グリュプトテーク蔵（ミュンヘン）© Tarker/Bridgeman Images／アルテミシオンのゼウスあるいはポセイドン：アテネ国立考古学博物館蔵（アテネ）Public Domain by Sharon Mollerus／シレヌスと幼いディオニッソス：グリュプトテーク蔵（ミュンヘン）Public Domain by Bibi Saint-Pol／ヘルメス：ニイ・カールスベルグ・グリプトテク美術館蔵（コペンハーゲン）Public Domain by Wolfgang Sauber／サテュロス：カピトリーニ美術館蔵（ローマ）Public Domain by Daderot／トカゲを殺すアポロン：ルーヴル美術館蔵（パリ）© 2006 Musée du Louvre / Daniel Lebée / Carine Deambrosis／ルドヴィージの玉座：ローマ国立博物館蔵（ローマ）© Bridgeman Images／家族の墓碑：メトロポリタン美術館蔵（ニューヨーク）Public Domain from Metropolitan Museum of Art

p. 18右　スパルタ考古学博物館蔵（スパルタ）、© Ancient Art & Architecture / Alamy Stock Photo

p. 18左　ナポリ国立考古学博物館蔵（ナポリ）、© Bridgeman Images

p. 43　同上

p. 71　画：畠山モグ

p. 87　同上

p. 105　ローマ時代の模刻、ヴァチカン美術館蔵（ヴァチカン）
© Granger Historical Picture Archive / Alamy Stock Photo

この作品は二〇一七年十二月新潮社より刊行された『ギリシア人の物語Ⅲ　新しき力』を文庫版第3巻、第4巻として分冊したものです。